'누구나 세상을 바꿀 수 있다.
왜냐하면 우리는 별과 똑같은 물질로 만들어졌고
우주와 연결되어 있기 때문이다.'

베라 루빈(Vera Rubin)

놀랍고 신비한 우주 과학 이야기
지금은 우주 시대

아메데오 발비, 안드레아 발렌테 글 | 수지 자넬라 그림 | 김현주 옮김
초판 1쇄 발행일 2023년 2월 23일
펴낸이 김금순 펴낸곳 디엔비스토리 출판등록 제2013-000080호
주소 서울 광진구 천호대로 709-9 2층 전화 (02)716-0767 팩스 (02)716-0768
블로그 www.bananabook.co.kr 이메일 ibananabook@naver.com

Original title: Lassù nell'Universo
Texts by Amedeo Balbi and Andrea Valente
The texts by Andrea Valente are published by arrangement with Caminito S.a.s. Literary Agency
Illustrations by Susy Zanella
Graphic design by Studio Link

© 2021 Editoriale Scienza srl, Firenze-Trieste
www.editorialescienza.it
www.giunti.it
Korean translation copyright © 2023 by Dnbstory Co. Bananabook
Korean translation rights arranged with Giunti Editore through EYA Co., Ltd.

이 책의 한국어판 저작권은 EYA Co.,Ltd.를 통해
Giunti Editore과 독점 계약한 디엔비스토리(도서출판 바나나북)에 있습니다.
신저작권법에 의하여 한국 내에서 보호를 받는 저작물이므로 무단 전재 및 복제를 금합니다.
KC마크는 이 제품이 공통 안전 기준에 적합하였음을 의미합니다.

ISBN 979-11-88064-42-7 74880

놀랍고 신비한 우주 과학 이야기

지금은 우주 시대

아메데오 발비·
안드레아 발렌테 글
수지 자넬라 그림
김현주 옮김

바나나BOOK

차 례

떠나 볼까요?	9
우리는 어디 있나요?	10
지구에 있어요	12
얼마큼일까요?	15
언제일까요?	16
그래서 언제라고요?	22
빅뱅, 그 후	24
현재까지	26
어떻게요?	28
별의 거리	34
별의 색	38
별의 온도	40
은하계	44
빛의 속도	46
측정 단위	48
빛보다 빠르게!	50
알버트 아인슈타인	52
상대성 이론	55
시간을 거슬러	56
타임머신	59
멀리, 멀리, 더 멀리	60
우주의 시작	64
빅뱅의 발전	66
우주라는 말의 기원	68
우주에 대한 여러 생각들	70
우주의 팽창	72
허블과 허블	74
팽창에 대한 세 가지 의문	76
왜 하늘은 어두울까요?	78
빅뱅의 소리	80
빅뱅이 있기 전	82
반물질이 무엇일까요?	85
우주 피자	86
암흑 물질	89
탈출 속도와 검은 별	90
블랙홀을 만들어 봅시다	92
블랙홀에 대한 다섯 가지 의문	94
블랙홀은 존재합니다!	97
은하계 스파게티!	98
화이트홀	101
중력파	102
별의 춤	104
별은 많아요	106
놀라운 우주의 이미지	109
어디에나 있는 행성!	110
상상의 행성	112
방법의 문제	114
원시 수프	116
우주에서 온 생명	119
우주에 생명체가 있나요?	120
화성인을 상상해 보세요	122
태양	124
태양에 대한 세 가지 의문	126
오 솔레 미오	128
하루의 길이	130
지구로 내려오는 우주	132
우주 극장으로	134
세상에 종말이 올까요?	136
세상의 끝	139
미래는 이미 와 있어요	140
앞으로의 미래	142
퀴즈 정답	145
용어 해설	147
단어 찾기	150

1957년 10월 4일 저녁, 소비에트 연방 공화국(현재 러시아)의 과학자들이 우주에 최초의 인공위성을 발사했어요. 이름은 스푸트니크(Sputnik)예요. 러시아어로 '여행 동반자'라는 뜻이죠. 여러분이 기차나 비행기, 지하철을 탈 때 옆에 앉은 사람이 바로 스푸트니크이고, 여러분은 옆자리 사람에게 스푸트니크인 셈이죠.

떠나 볼까요?

이 책은 여행이에요. 사실 어떤 책이든 그렇기는 하죠.
모든 여행이 한 권의 책과 같고 모든 산책에 이야깃거리가 있으니까요.
여행을 하려면 목적지와 목적지에 도착하기까지의 시간이 필요해요.
이 책은 바로 그 공간과 시간 속을 여행하는 책이랍니다. 너무 멋있지 않나요?

길을 잘 아는 사람과 여행 친구도 필요할 거예요.
이 책에서는 천체 물리학자 아메데오 박사님이 있으니 걱정하지 마세요.
시간과 공간에 대해 많은 것을 알고 있고, 그 모든 것을 기쁜 마음으로 알려 줄 거예요.
그리고 박사님의 친구인 안드레아 선생님이 재밌는 이야기로 여러분을 즐겁게 할 거고요.
굉장히 기대되죠!

별 탈 없이 이 여행을 출발하려면 짐을 싸야 하는데요.
일단 멋진 티셔츠, 팬티, 양말, 바지, 신발, 슬리퍼, 모자, 코트, 책, 샌드위치, 고양이,
소파…… 모두 챙겨야죠. 갖고 놀 공과 그랜드 피아노, 현미경, 망원경,
그리고 빨강, 파랑 색연필도 있어야 할 거예요. 전등도 있어야 하고,
사과도 하나, 정수기, 트리케라톱스의 뼈, 꽃다발도 하나 있으면 좋겠고,
자전거와 선글라스, 베개, 인형, 금붕어, 딸기 주스도 한 병 준비해야죠.

이 많은 것을 다 넣냐고요? 네, 다 가방에 넣으세요.
밀어 넣고 짓누르고 깔아뭉개고, 가방이 더 이상 견딜 수 없을 때까지요.
펑! 빠지직, 촥, 쭈악, 엄마야, 맙소사, 펑펑…… 혹은 **빅뱅!**

우리는 어디 있나요?

혹시 **'현재 위치'**라고 빨간 점이 찍힌 지도를 본 적 있나요?
우주를 탐험하려면, 우선 우리가 지금 어디에 있는지 아는 것이 중요해요. 그러니까 우리도 빨간 점을 찍어 봅시다. 공간에서 하나, 시간에서 하나를 찍어야 하니 두 개를 찍어야겠군요.

지구에 있어요

우리는 모두 **지구**라는 행성에 살고 있어요. 지구에는 위성이 있어 지구 주위를 돌고 있어요. 바로 **달**이에요. 지구는 일곱 개의 다른 행성인 수성, 금성, 화성, 목성, 토성, 천왕성, 해왕성을 비롯해 수많은 작은 천체와 함께 **태양**의 주위를 돌고 있고요. 태양은 은하수라고 하는 아주 거대한 별들의 집합인 은하계에 포함돼요. 은하계에는 태양과 같은 수천억 개의 별이 있죠. 태양처럼 모든 별이 각자의 행성계를 가지고 있다면, 저 우주에는 우리가 모르는 수많은 세상이 있을 거예요.

점점 더 발전하는 기술 덕분에 현재 우리는 은하계에서 태양 외의 **다른 별 주위에도 수많은 행성**이 있다는 것을 알게 됐어요. 몇 년 동안의 관측으로 수천 개의 행성을 찾아내는 데 성공했죠. 태양처럼 모든 별이 일곱 개의 행성을 갖고 있는 것은 아닐 테지만, 통계적으로 예상해 보면 거의 모든 별이 적어도 하나 이상의 행성을 갖고 있다는 결론을 내릴 수 있어요.

하지만 은하수는 우주에 있는 **수많은 은하 중 하나**일 뿐이에요. 수천억 개의 은하가 있고, 그 은하들이 또 각각 수천억 개의 별을 갖고 있으니 많다는 표현으로는 충분하지 않아요. 우주에는 믿을 수 없을 만큼 많은 별이 있어요. 우주에서 별의 수를 세어 보면, 지구에 있는 해변의 모든 모래 알갱이만큼 많을 거예요!

그러니까 우리 지구는 우주에 존재하는 **무수한 행성 중 하나**일 뿐이고, 고대인들이 생각하던 것처럼 온 세상의 중심이 아니랍니다.

실제로 우주에는 중심이 없어요! 그러나 지구는 우리의 집이고, 우리가 세상 모든 것을 탐험하게 하는 시작점이므로 우리에게는 매우 중요해요.

퀴즈 1

우리 은하수와 가장 가까운 은하는 무엇일까요?

1. 트리안골로
2. 안드로메다
3. 블랙 아이

얼마큼일까요?

지구가 농구공만 한 크기라고 생각해 보세요. 그러면 달은 테니스공 정도의 크기이고 지구와는 **약 7미터** 떨어져 있어요. 달은 지구와 가장 가까운 천체인데도 말이에요!

이 비율로 하면 태양은 지름이 26미터 정도인 구체가 되는데요. **9층 건물의 높이**이고 지구와는 약 3킬로미터 정도 떨어져 있을 거예요.

반면 태양을 농구공만 한 크기라고 생각해 본다면, 지구는 지름이 간신히 2밀리미터 밖에 안 되는 **작은 진주** 크기이고, 태양과의 거리는 약 25미터 정도예요. 태양계에서 가장 큰 행성인 목성도 몇 센티미터 지름의 구슬 크기이고 태양에서 약 100미터 떨어진 위치에 있는 셈이죠. 그리고 태양이 농구공만 할 때 태양에서 가장 가까운 별인 프록시마 센타우리(Proxima Centauri)는 7천 킬로미터 정도 떨어져 있어요. 무려 **7천 킬로미터**나요! 은하계와 우주에 있는 다른 모든 별이 얼마나 멀리 떨어져 있는지 느낄 수 있나요?

언제일까요?

수천 년 동안 인류는 우주의 나이가 얼마나 되는지 알지 못했어요.

고대에는 우주가 원래부터 존재했다고 생각하는 사람도 있었고, 과거의 어느 한때에, 고작해야 몇 천 년 전에 시작되었다고 생각하는 사람도 있었어요.

> 우주라는 말은 고대 그리스어로 코스모스(kósmos)이고 질서라는 뜻이에요. 세계 생성 이전의 혼돈에서 탄생한 질서정연한 우주를 의미하지요. 세상에 있는 모든 것을 우주 만물이라고 하는데 이 책도 포함되죠! 우주의 탄생을 가리키는 코스모고니아(cosmogonia)도 고대 그리스어에서 유래된 것으로, 우주의 질서를 의미하는 kósmos와 생성을 의미하는 -gonia가 합쳐진 거예요. 영어로 우주학을 의미하는 Cosmology는 kósmos와 학문을 뜻하는 -logia가 합쳐진 것으로 우주의 진화와 구조를 연구하는 학문이랍니다.

고대에 등장한 최초의 천문학자 중에는 그리스 밀레투스의 철학자인 레우키포스(Leukippos)가 있어요. 하늘의 별을 연구하느라 수많은 밤을 뜬눈으로 지새우고 『대우주론(The Greate Cosmopoly)』이라는 책을 썼어요. 이 책은 우주에 대한 위대한 연구로 손색이 없고, 레우키포스가 정말 모든 것을 알고 있지는 않았겠지만 세계의 모든 물질은 쪼갤 수 없는 원자로 이루어져 있다는 원자론을 창시했답니다. '어떤 것도 우연히 일어나지 않는다. 모든 것은 이치에 따라 생겨난다.'는 말을 남겨 우주의 질서를 주장했지요.

사실 그 당시에는 우주의 질서에 대해 과학적으로 밝혀지지 않았고 대부분 신화와 전설을 믿었어요. 저 높은 올림포스 산에 위대한 제우스가 살고 있다고요.

화성에도 올림포스 산이 있어요. 태양계에서 가장 높은 산이지요. 올림포스라고 이름을 지은 이유를 알겠죠? 지구에 있는 올림포스 산의 높이는 해발 3천 미터도 되지 않지만, 화성의 올림포스 산은 2만 5천 미터나 된답니다!

그리스인들은 태초에 카오스라는 혼란 속에서 땅의 여신인 가이아(Gea)가 탄생하고, 그다음으로 지하 세계와 사랑, 어둠과 밤, 빛과 낮이 탄생했다고 생각했어요. 영어로 Geography(지리학)나 Geology(지질학), Geometry(기하학)와 같은 단어는 가이아 여신의 이름에서 유래된 것이랍니다. 가이아 여신과 첫째 아들 우라노스 사이에서 낳은 자식 중에는 시간의 신 크로노스도 있죠.

그리스 로마 신화 속 신들의 이름이 성(Jupiter)에서 수성(Mercury), 금성(Venus), 화성(Mars), 토성(Saturn), 해왕성(Neptune), 그리고 천왕성(Uranos)에 이르기까지 태양계 행성들의 영어 이름에 쓰이고 있답니다.

퀴즈 2

해 뜨기 전에는 동쪽에서, 해가 진 뒤에는 서쪽 하늘에서 빛나는 별이 금성이라는 것을 발견한 고대 그리스의 철학자이자 수학자는 누구일까요?

1. 피타고라스
2. 아르키메데스
3. 데모크리토스

대서양 저 너머, 과거 라틴 아메리카에서 살던 **마야인**들은 우주가 수많은 별이 가득한 하늘, 땅 아래의 지옥 왕국, 그리고 사람과 동식물이 살아가는 땅, 이렇게 세 영역으로 나뉘어 있다고 생각했어요. 세상의 네 귀퉁이에 있는 각각의 신이 밤낮으로 하늘을 떠받치고, 하늘의 태양과 달이 서로를 쫓고 있다고 말이죠.

일본 신화에서는 신들이 높은 하늘에서 구름 아래를 내려다보다가 혼돈의 바다에 세상을 창조하기로 했어요. 남신 '이자나기'와 여신 '이자나미'가 하늘에서 내려와 신성한 창으로 무장을 하고 바닷속을 휘저어 일본 열도를 창조하고 이어 나머지 섬을 만들었다고 전해지지요.

20

북유럽의 노르드 신화에서는 태초에 '긴눙가가프'라는 형태가 없는 혼돈, 공허, 심연, 어둠밖에 없었어요. 긴눙가가프에서 태어난 거인인 위미르를 신족인 오딘과 빌리, 베이가 죽여 위미르의 살과 피와 뼈와 머리카락, 뇌, 두개골, 눈썹으로 이 세상을 창조했다고 전해진답니다.

서아프리카에 있는 **말리의 고원 지역에 소수 민족인 도곤인**이 살았어요. 1930년대에 유럽의 인류학자들이 그 지역에 도착해 도곤인들이 천문학에 대해 수준 높은 지식을 가졌다는 사실을 발견했죠. 도곤인들은 시리우스성이 쌍성을 이루고 있다는 것을 알고 있었어요. 토성의 고리와 목성의 위성에 대해서도 알고 있었고요. 그래서 도곤인들이 외계인과 접촉했다는 의견이 있었어요. 천문학에 관한 지식과 거기에서 유래하는 많은 신화들이 고대로부터 내려온 것인지, 외부 문명과 접촉한 후 전해진 것인지는 확인되지 않고 있어요.

그래서 언제라고요?

이제 우리는 관찰을 통해 우주가 수십억 년 전, 그러니까 약 138억 년 전에 탄생했다는 것을 알고 있어요. 빅뱅으로 발생한 빛이 138억 년에 걸쳐 지구에 도달하고 있다는 이론이죠. 거리로 생각해도 엄청난 이 오랜 시간을 짐작하기란 상당히 어려운데요. 우주의 모든 역사가 **1,380쪽짜리 거대한 책**으로 쓰이고, 각 쪽마다 거의 천만 년의 시간이 설명되어 있다고 상상해 보세요.

우주의 역사가 담긴 책의 시작 부분에서 우주에 우리가 볼 수 있는 것은 전혀 없었어요. 우주 전체에 매우 뜨거운 소립자 형태의 물질만 퍼져 있었죠. **가장 가벼운 원자**인 수소가 1쪽의 첫 번째와 두 번째 줄에서 만들어져요. 최초의 별들을 보려면 10쪽까지는 가야 하고, 최초의 은하는 50쪽 정도에서 형성되기 시작해요. 우리 은하인 은하수는 400쪽 정도부터 형성되는데, 이것은 우주가 시작된 이후로 거의 40억 년이 되었을 때 은하수가 탄생했다는 거예요. 태양은 그보다 훨씬 더 늦게, 이 책의 끝에서 약 460쪽 전쯤에, 즉 약 46억 년 전에 형성되고요. 지구는 그보다 조금 후인 약 45억 년 전에 형성되죠.

지구상의 생명체는 책의 끝에서 약 350쪽 전에 나타나고요. 그렇다고 공룡과 사람도 이때 나타났다고 생각하면 안 돼요. 최초의 생명체는 단 하나의 세포로 이루어진 매우 단순한 유기체였으니까요. 공룡은 고작 6쪽 반 남았을 때 나타났다가 멸종되고 **우리 인간은 이 책의 마지막 줄에 출현해요.** 그렇다면 지금 우리 문명의 역사는 이 책의 마지막 글자 정도라고 볼 수 있겠죠!
우주의 역사는 정말 길고, 우리는 그 역사의 작고 작은 한 부분일 뿐이에요.

퀴즈 3

역사적으로 중요한 사건을 연대순으로 적은 기록을 무엇이라고 할까요?

1. 임시성 2. 천년기 3. 연대기

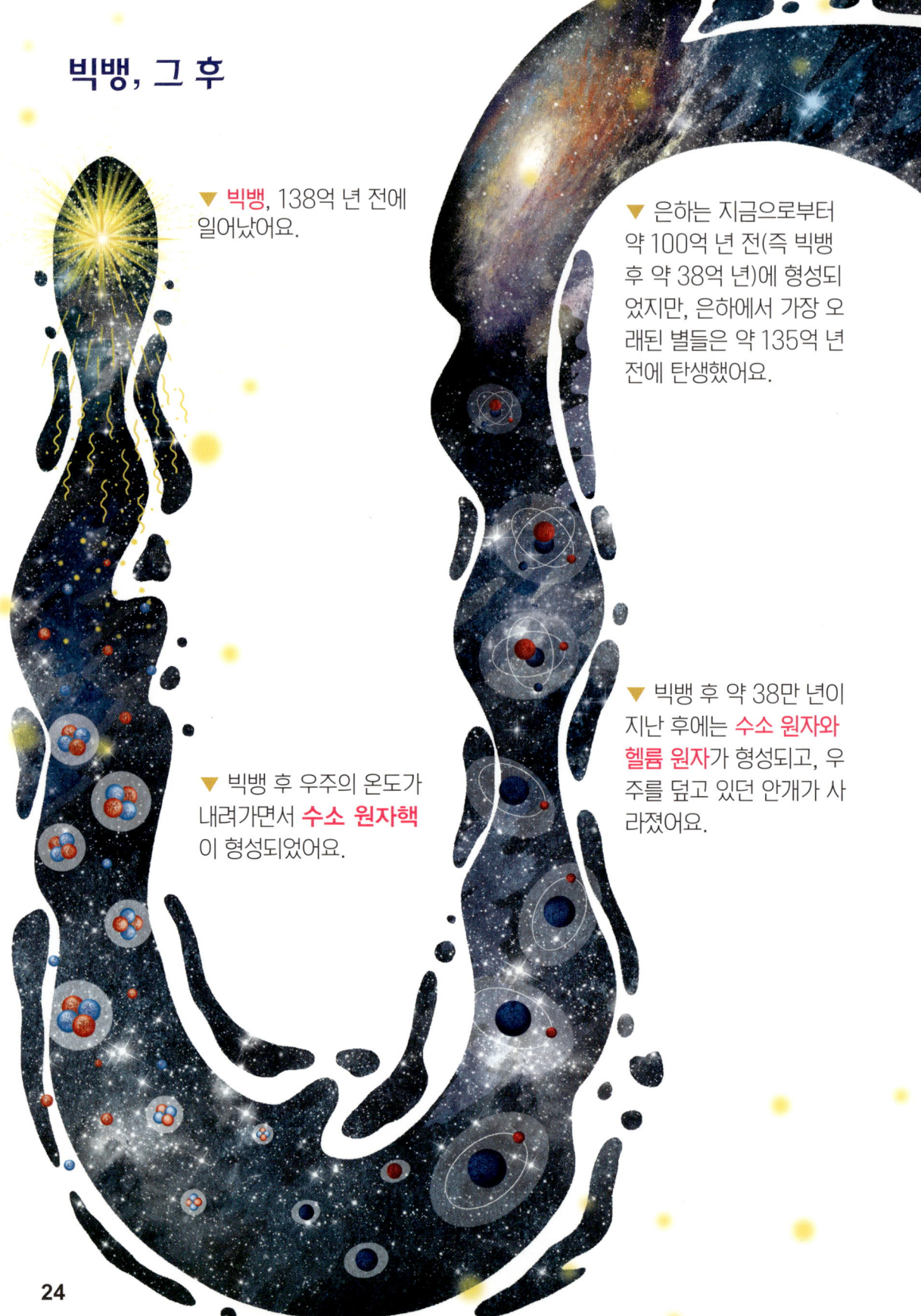

빅뱅, 그 후

▼ **빅뱅**, 138억 년 전에 일어났어요.

▼ 은하는 지금으로부터 약 100억 년 전(즉 빅뱅 후 약 38억 년)에 형성되었지만, 은하에서 가장 오래된 별들은 약 135억 년 전에 탄생했어요.

▼ 빅뱅 후 약 38만 년이 지난 후에는 **수소 원자와 헬륨 원자**가 형성되고, 우주를 덮고 있던 안개가 사라졌어요.

▼ 빅뱅 후 우주의 온도가 내려가면서 **수소 원자핵**이 형성되었어요.

▼ 태양계는 지금으로부터 46억 년 전(빅뱅 후 92억 년)에 탄생했어요.

▼ **호모 사피엔스**
지금으로부터 약 3억 년 전에 출현했어요.

▼ 지구상에 최초의 생명체 형태가 나타난 것은 지금으로부터 약 38억 년 전(빅뱅 후 100억 년 후) 정도예요.

▼ **공룡**은 지금으로부터 약 6,500만 년 전에 멸종됐어요.

현재까지

▼ 기원전 약 7000~6000년경에 **메소포타미아** 문명이 세워졌어요.

▼ 1666년, 과학자 아이작 뉴턴은 모든 물체 사이에 서로 끌어당기는 힘이 있음을 발견하고 그 힘을 계산할 수 있는 **만유인력**의 법칙을 세웠어요.

▼ 기원후 150년 무렵, 고대 그리스의 철학자인 클라우디우스 프톨레마이오스는 「알마게스트」라는 책을 써서 **우주의 중심은 지구**이며 모든 천체가 지구를 중심으로 돌고 있다고 주장했어요.

▼ 1543년, 폴란드의 천문학자 니콜라스 코페르니쿠스는 평생 동안 연구했던 **천체의 중심에 태양이 있고 지구는 태양의 주위를 돈다**는 내용의 책을 출간했어요.

어떻게요?

우리는 어떻게 직접 가 보지 않고도 그렇게 큰 우주를 탐험할 수 있을까요? 그리고 우주의 긴 역사 속에서 일어난 일을 어떻게 알 수 있을까요? 바로 **망원경**을 통해서죠!

우리가 우주에 대해 알게 된 모든 것은 우주에서 날아오는 빛 덕분이에요. 우리는 망원경을 통해 지구 밖 아주 멀리까지도 내다볼 수 있어요. 점점 더 거대하고 성능 좋은 망원경을 만들면서 더 먼 우주까지 볼 수 있게 됐죠. 요즘은 지구의 **대기권 밖에 우주 망원경**을 쏘아 올려, 몇 십 년 전에는 상상도 할 수 없던 것까지 볼 수 있어요. 대기층의 먼지, 구름, 빛 등의 방해 없이 관측할 수 있게 된 거죠.

퀴즈 4

아래의 유명 과학자들 중 망원경을 사용한 적이 없는 사람은 누구일까요?

1. 아이작 뉴턴
2. 요하네스 케플러
3. 니콜라스 코페르니쿠스

1570년에 태어난 네덜란드의 안경사 **한스 리퍼세이**(Hans Lippershey)는 평소에 멀리 내다보는 것을 좋아했어요. 더 멀리 보고 싶은데 그럴 수 없어서 얼굴을 찡그리며 뒤돌아서는 일이 많았지요. 1608년의 어느 날, 리퍼세이는 오목렌즈와 볼록렌즈를 겹쳐 보다 망원경을 발명했다고 해요. 아마도 그날 저녁에는 미소를 지으며 잠자리에 들었겠죠.

사실 망원경의 발명에 대해서는 많은 의견이 있어요. 메소포타미아 티그리스강의 고대 국가였던 앗수르에서 발명되었다고도 하는데, 리퍼세이가 기술적으로 더 확실한 망원경을 발명했을 가능성이 높죠.

영어로 망원경을 뜻하는 telescope는 네덜란드어에서 유래됐어요. 네덜란드어로 망원경을 뜻하는 Telescoop는 그리스어로 멀다는 뜻의 tèle와 관찰한다는 뜻의 skopèin이 합쳐진 거예요. 실제로 좋은 망원경은 멀리 관찰할 수 있게 해 주죠.
반대로 현미경은 그리스어로 작다는 뜻의 mikròs와 skopèin이 합쳐진 microscope예요.

리퍼세이가 망원경을 만들었다는 소식을 접한 **갈릴레오 갈릴레이**는 다음 해 직접 망원경을 만들어 1609년 11월 30일에 달을 관찰합니다. 그렇게 근대 천문학 연구가 시작되었어요. 갈릴레오는 목성 주위의 4개 위성을 처음으로 발견했고, 이후에도 수많은 천문학적 발견을 했답니다.

망원경 덕분에 갈릴레오는 **달**을 더 자세하게 관찰하고, 맨눈으로는 볼 수 없는 분화구나 산, 계곡도 발견했어요. 달은 사람들이 믿었던 것처럼 표면이 매끈한 완전한 원형이 아니었어요.

그리고 초승달의 보이지 않는 어두운 부분은 달이 사라진 것이 아니라 지구의 그림자에 가려진 것이었어요. 갈릴레오가 잿빛이라고 정의한 어두운 부분의 아주 약한 빛은 태양이나 다른 별에서 온 것이 아니라 **지구에** 반사된 태양빛을 받은 것이었지요. 또 갈릴레오는 움직이는 행성들은 원형으로 관측되지만, 움직이지 않는 별은 밝은 점으로 보이면서 **흔들린다는 사실**도 알아냈어요.

갈릴레오는 우리가 아주 맑은 날 밤하늘에서 맨눈으로 볼 수 있는 것보다 별의 수는 수천, 수만 개 더 많다는 것도 알아냈어요.

우주는 사람들이 생각하는 것보다 훨씬 더 컸어요. 오리온자리와 플레이아데스 성단을 관찰하며 수많은 별을 발견하기도 했어요!

1610년, 갈릴레오는 목성을 도는 **네 개의 아름다운 위성을 발견하여 메디치의 별**이라고 이름 붙였는데, 피렌체의 영주인 코시모 데 메디치 2세에게 후원을 받기 위해서였어요.

메디치의 별은 훗날 천문학자들에 의해 '갈릴레이 위성'이라고 불리게 되고 목성과 가까운 순서대로 이오(Io), 유로파(Europa), 가니메데(Ganymede), 칼리스토(Callisto)라고 불린답니다. 갈릴레오는 **금성도 달처럼 모양이 변한다**는 것을 알아냈고, 이 모양 변화로 금성이 태양 주위를 돌고 있다는 것을 증명했어요. 이것은 지구가 태양 주위를 돈다는 코페르니쿠스의 관찰이 옳았고, 지구를 포함한 모든 행성이 태양을 중심으로 공전한다는 것을 알게 된 아주 중요한 발견이었어요.

프톨레마이오스의 지구 중심설과 코페르니쿠스의 태양 중심설의 중간을 찾으려 시도한 사람이 있었어요. 덴마크의 천문학자 티코 브라헤(Tycho Brache)는 기독교에서 생각하는 것처럼 지구가 우주의 중심에 자리를 잡고 있고, 달과 태양이 지구의 주위를 돌고 있으며, 나머지 다른 행성들은 태양을 중심으로 돌고 있다고 주장했죠.

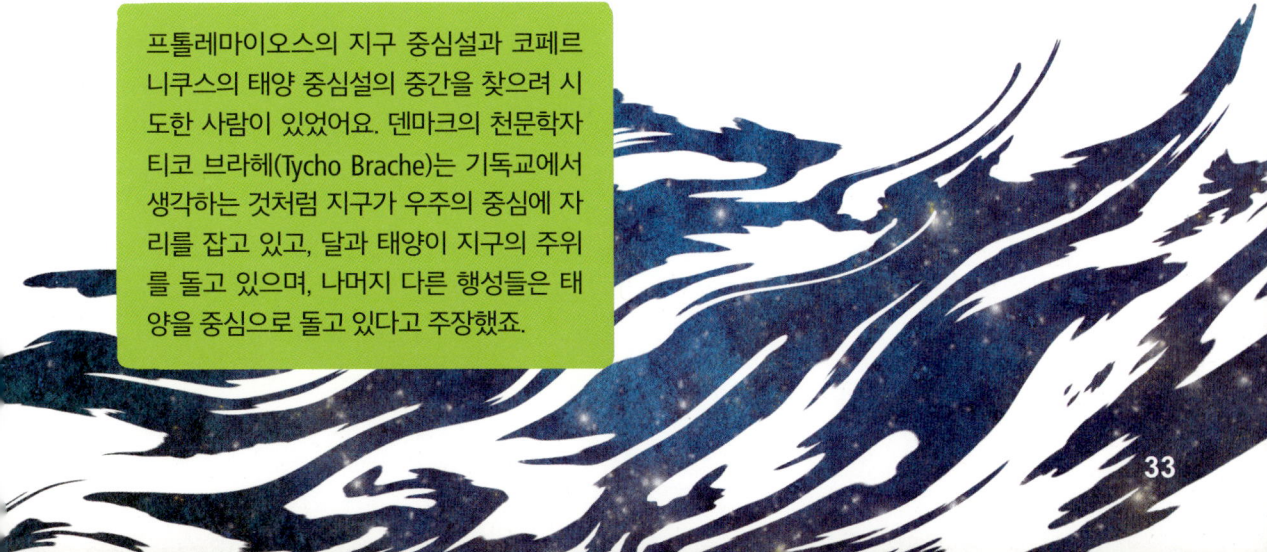

별의 거리

천체 물리학자에게 가장 어려운 일 중 하나는 천체까지의 거리를 측정하는 거예요. 별에서 별까지 자를 길게 뻗어서 길이를 잴 수는 없으니까요! 그럼 어떻게 별의 거리를 잴 수 있을까요?

두말할 것 없이 멀리서 관측해 계산하는 거죠! 가장 오래된 방법은 하나의 천체를 서로 다른 지점에서 보았을 때 생기는 방향의 차이인 **시차를 이용한 측정 방법으로 연주 시차**라고 해요.

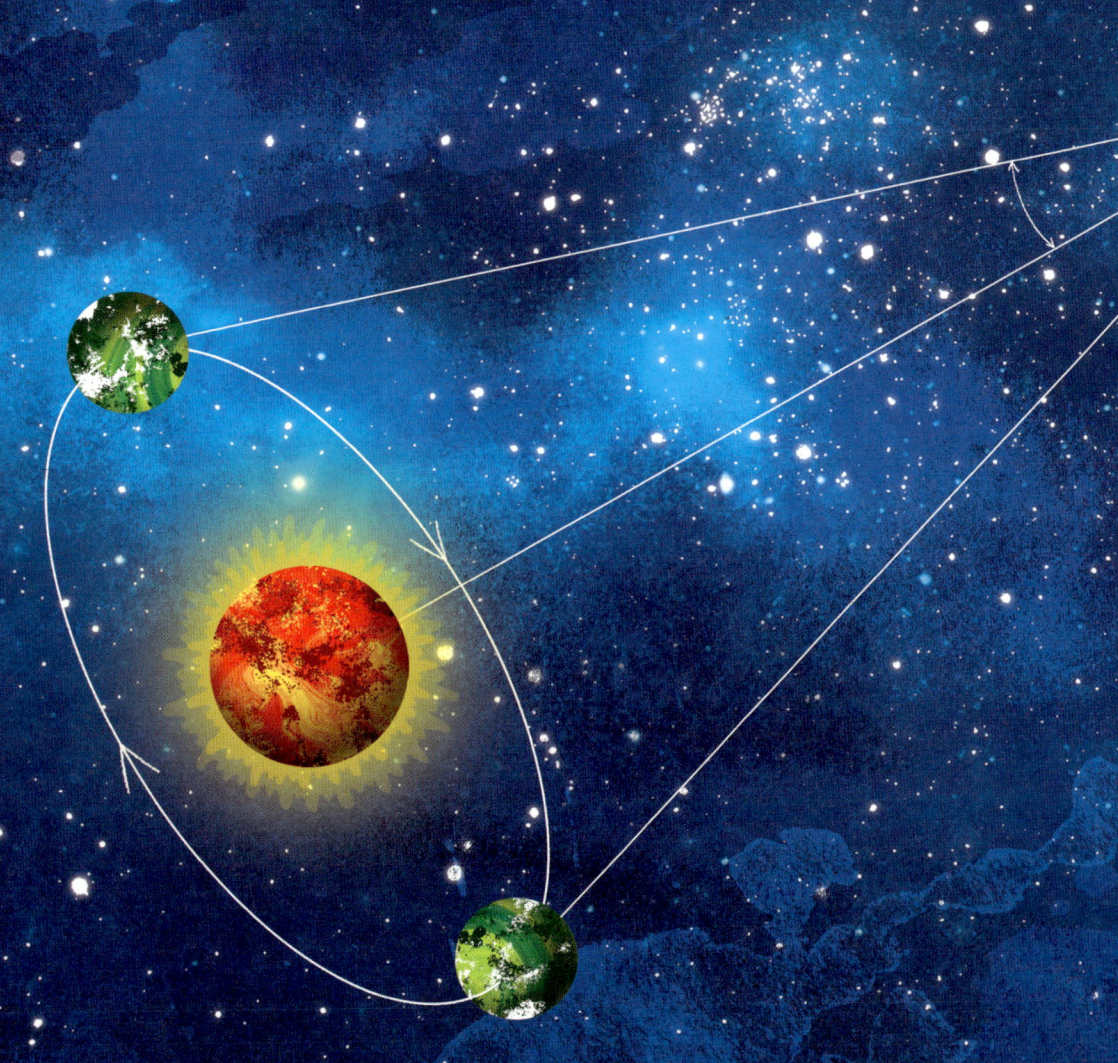

퀴즈 5

세계에서 가장 유명한 망원경 중 하나는 칠레의 안데스산맥에 있는 VLT(Very Large Telescope)인데요. 이것은 무슨 뜻일까요?

1. 초거대 망원경
2. 장기선 간섭계
3. 인공 지능 망원경

　연주 시차의 방법은 **이등변 삼각형을 그려 천체까지의 거리를 계산**하는 거예요. 어떻게 하냐고요? 양쪽 눈을 다 뜬 상태로 왼쪽 눈에서 오른쪽 눈으로 이어지는 가상의 선이 있다고 상상해 보세요. 이 선이 이등변 삼각형의 밑변이 되는 거예요. 여러분이 보고 있는, 거리를 잴 물체까지 선을 그어 삼각형을 만들어요. 물체가 가까울수록 물체를 사이에 둔 꼭짓점의 각도는 점점 더 넓어지고, 멀어질수록 각도는 점점 더 좁아지죠. 이제 **각도의 변화를 계산하면서** 삼각형의 높이를 측정해 보세요. 이것이 바로 여러분과 물체와의 거리예요.

　이와 똑같은 계산 방법을 아주 멀리 있는 별에 적용하는 것이 연주 시차예요.

새해 첫날 지구는 태양에서 약 1억 5천만 킬로미터 정도 떨어져 있어요. 6개월 뒤인 7월에도 태양과의 거리는 똑같지만, 지구는 태양을 공전하기 때문에 1월에 측정했던 위치의 정반대에 있어요. 여기서 지구가 1월에 위치한 지점과 7월에 위치한 지점이 우리의 양쪽 눈이 되는 거예요. 이 경우 이등변 삼각형의 밑변은 대략 3억 킬로미터예요. 어느 한 별을 이 두 날짜에 바라보면, 지구가 공전한 만큼 여러분의 위치가 달라졌을 테고 별에서 벌어진 각도의 차이를 구해 거리를 계산하는 거죠.

1838년에 독일의 천문학자 프리드리히 빌헬름 베셀(Friedrich Wilhelm Bessel)은 백조자리 61번 별의 거리를 계산하는 데 처음으로 연주 시차 방법을 사용했어요. 베셀은 연주 시차로 우주의 광활한 규모와 지구가 공전하고 있다는 사실을 증명해 냈고 천왕성 바깥에 행성이 있다고 예언하기도 했어요.

별의 색

별의 거리를 별의 **밝기와 색**으로 측정할 수도 있어요. 밝기가 같은 두 개의 전구가 있다고 생각해 봅시다.

한 전구를 다른 전구보다 두 배 더 멀리 놓으면, 가까이에 있는 전구보다 네 배 덜 밝게 보일 거예요. 멀리 있는 전구를 세 배 더 멀리 떨어뜨려 놓으면 빛은 아홉 배 더 흐릿해지죠. 이것은 밝기가 **거리의 제곱**에 반비례하기 때문이에요. 별이 가진 진짜 밝기(절대 밝기)를 알 수 있다면 거리에 따라 달라지는 겉보기 밝기와 비교해 거리를 유추할 수 있어요.

그렇다면 별의 절대 밝기는 어떻게 알 수 있을까요? 전구처럼 상품 표시가 붙어 있지도 않잖아요! 다행히 특정 색을 띠는 모든 별은 거의 동일한 밝기라고 해요. 그래서 별의 색이 같으면 별의 밝기가 같다는 것을 알 수 있기 때문에 실제로 눈에 보이는 밝기의 상대적인 차이를 이용해 똑같은 색을 띠는 별들의 거리도 측정할 수 있어요.

별의 색을 이용해 그 별의 **표면 온도를 측정**해 볼 수도 있죠.

퀴즈 6

우리가 아는 무지개는 일곱 가지 색이지만 사실 사람의 눈에 보이지 않는 빛들도 있어서 이 빛들을 알아내려면 기술의 힘을 빌려야 해요. 다음 중 이러한 빛이 아닌 것은 무엇일까요?

1. 적외선   2. 광합성   3. 자외선

별의 온도

양초에 불을 붙이고 불꽃을 자세히 살펴보세요. 가장 안쪽은 파란색이고 바깥으로 갈수록 흰색이 됐다가 노란색을 거쳐 거의 주황색으로 끝날 거예요. 화상을 입을 수 있으니 촛불에 손가락을 갖다 대면 안 돼요! 촛불의 파란 부분은 흰 부분보다 뜨겁고, 흰 부분은 노란 부분보다 뜨거워요.

별은 다 똑같아 보이지만 사실 다 똑같지는 않아요. 어떤 별은 파란색이고 어떤 별은 하늘색, 어떤 별은 흰색, 어떤 별은 노란색, 또 어떤 별들은 주황색이나

불꽃의 색은 연료의 종류에 따라서 달라지기도 해요. 연료가 가스인지, 나무인지, 혹은 기름인지에 따라 달라요.

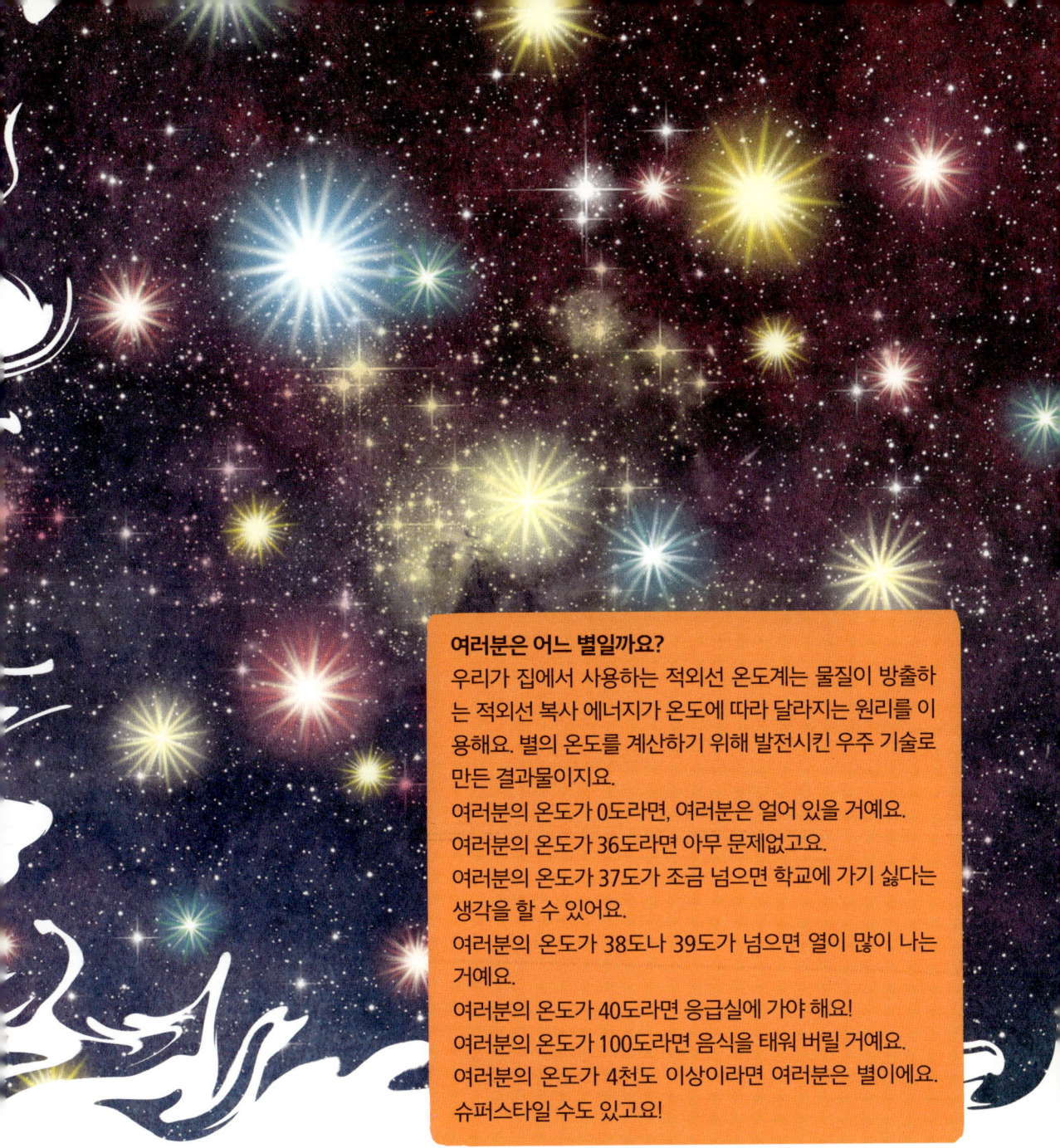

여러분은 어느 별일까요?
우리가 집에서 사용하는 적외선 온도계는 물질이 방출하는 적외선 복사 에너지가 온도에 따라 달라지는 원리를 이용해요. 별의 온도를 계산하기 위해 발전시킨 우주 기술로 만든 결과물이지요.
여러분의 온도가 0도라면, 여러분은 얼어 있을 거예요.
여러분의 온도가 36도라면 아무 문제없고요.
여러분의 온도가 37도가 조금 넘으면 학교에 가기 싫다는 생각을 할 수 있어요.
여러분의 온도가 38도나 39도가 넘으면 열이 많이 나는 거예요.
여러분의 온도가 40도라면 응급실에 가야 해요!
여러분의 온도가 100도라면 음식을 태워 버릴 거예요.
여러분의 온도가 4천도 이상이라면 여러분은 별이에요. 슈퍼스타일 수도 있고요!

　붉은색이죠. 흰색과 하늘색, 혹은 노란색과 흰색의 중간색을 띠는 별들도 있어요. 별의 색으로 우리는 별 **표면의 온도**를 알 수 있지요. 별의 온도를 나타낼 때는 에너지로 온도를 표기하는 절대 온도인 켈빈(K)을 사용해요. 파란 별은 3만 켈빈이 넘고 붉은 별은 4천 켈빈보다 낮죠. 이외 다른 모든 별은 그 중간 온도예요.
　우리의 태양은 노란색 왜성으로 온도는 약 5,860켈빈 정도예요.

세페이드 변광성과 같이 밝기가 변화하는 별도 있어요. 이런 별은 맥박이 뛰듯 주기적으로 밝아졌다 어두워지는데 이 주기는 별의 밝기와 관련이 있어요.

세페이드 변광성을 이용해 별까지의 거리를 측정할 수 있다는 사실의 발견은 천문학에서 아주 중요한 사건 중 하나예요. 미국 하버드 대학교 천문대에서 계산수로 일했던 천문학자 헨리에타 리비트(Henrietta Leavitt)가 발견했어요. 헨리에타 리비트와 다른 계산수들은 천체의 움직임과 위치, 밝기를 연구하기 위해 수천 장의 천체 사진을 분석하는 임무를 맡았는데요. 1908년, 오랫동안 꼼꼼히 분석하던 헨리에타 리비트는 세페이드 변광성의 규칙적인 변광 주기가 별의 밝기와 직접적인 관련이 있다는 것을 알게 됐어요. 별이 밝을수록 변광 주기가 길다는 것을 확인한 거죠. 헨리에타 리비트가 발견한 변광성의 주기와 광도 법칙 덕분에 우주의 거리를 제대로 잴 수 있게 됐어요. 우주의 크기를 가늠할 수 있는 엄청난 발견이었죠.

초신성은 보통 별보다 1만 배 이상의 빛을 내는 별로, 엄청난 빛을 발하며 폭발하고 점차 사라져요. 신기하게도 초신성이 폭발할 때 빛의 밝기는 언제나 일정해요. 그래서 초신성의 밝기로 그 은하계의 거리를 측정할 수 있게 되었어요. 세페이드 변광성, 초신성과 같이 그 별의 밝기를 통해 거리를 측정할 수 있는 대상을 **표준 촉광**이라고 한답니다.

퀴즈 7

페르세우스자리에서 두 번째로 밝은 별도 변광성이에요. 그렇다면 쏟아지는 것처럼 보이는 페르세우스 유성우는 언제 볼 수 있을까요?

1. 1월 10일경 2. 5월 10일경
3. 8월 10일경

은하계

　20세기 초까지도 우리 은하인 은하수가 실제로 어느 정도의 크기인지 알지 못했어요. 천문학자들이 망원경으로 관찰하는 모든 천체가 은하수의 일부인지 아닌지도 분명하지 않았죠. 성운이라고 하는 구름처럼 퍼져 보이는 점들이 있었는데, 이 점들이 별이 아니라는 것은 분명했지만 이것이 무엇인지, 얼마나 멀리 떨어져 있는지는 알아내지 못했어요. 은하수 안에 있는 작은 먼지 구름 정도일 거라고 생각하는 천문학자들도 있었고 누군가는 훨씬 더 멀리 떨어진 천체라고 생각하기도 했어요. 1924년, 미국의 천문학자 에드윈 허블(Edwin Hubble)이 **안드로메다**자리에 있는 성운들 속에서 세페이드 변광성을 발견하면서 성운과 외부 은하를 구별할 수 있게 됐어요. **헨리에타 리비트**의 연구 덕분에 에드윈 허블이 안드로메다 성운의 거리를 측정할 수 있었고, 이 성운이 아주 멀리 떨어져 있다는 것도 발견했죠. 사실 이 성운은 너무 멀리 떨어져 있어서 먼지 구름일 수 없었어요. 수천억 개의 별로 구성된, 우리 **은하수와 같은 은하**였죠. 에드윈 허블이 우주는 우리가 생각했던 것보다 훨씬 더 크고, 우리 은하 외에 다른 은하도 있다는 것을 밝혀낸 거예요. 시간이 흐르면서 외부 은하의 수가 엄청나게 많다는 것도 알게 됐고요.
　그리고 다른 유형의 은하계가 있다는 것도 밝혀졌어요. 우리 은하는 나선형의 모양을 한 나선 은하이고 타원 은하, 불규칙 은하 등도 있어요.

빛의 속도

빛의 속도는 엄청나게 빨라요. 아마 엄청나다는 표현으로는 충분하지 않을 거예요. 세상의 어떤 것도 빛의 속도보다 빠를 순 없으니까요. 빛은 우주의 진공 상태에서 **1초에 약 30만 킬로미터**를 이동할 수 있어요.

우주에서 빛보다 빨리 이동할 수 있는 것은 없어요. 그러나 빛의 속도가 아무리 빠르다 해도 무한한 것은 아니에요. 그래서 우리가 우주에 있는 멀리 떨어진 별을 볼 때, 그것은 현재의 모습이 아니라 빛이 출발한 때의 모습을 보게 되는 거랍니다.

여러분이 이 글을 읽는 데 걸리는 시간 동안, 빛은 지구를 80번 정도는 돌았을 거예요. 빛의 속도로는 1초에 지구를 7바퀴 반이나 돌 수 있거든요. 프랑스의 소설가 쥘 베른(Jules Verne)은 『80일간의 세계 일주』라는 유명한 소설을 썼는데요. 간단히 계산해 보면, 이 소설의 주인공인 필리스 포그와 파스파르투가 런던으로 돌아오기까지 걸린 80일 동안 빛은 똑같은 경로로 5천만 번 이상 일주했을 거예요.

퀴즈 8

태양의 빛이 지구에 도착하기까지는 얼마큼의 시간이 걸릴까요?
1. 8초 2. 8분 3. 8분의 1초

측정 단위

광년(Light-year)

우주에서의 거리는 너무 아득해서 우리가 일상적으로 사용하는 측정 단위는 사용할 수 없어요. 예를 들어 태양과 가장 가까이에 있는 별인 프록시마 센타우리는 약 40조 킬로미터 떨어져 있어요.

40,000,000,000,000km, **0이 몇 개인지 세기도 힘들죠!**

그래서 천체 물리학자들은 더 큰 단위를 사용해요. 가장 널리 알려진 단위는 광년, 즉 빛이 1년 동안 이동하는 거리예요.

'년'이라는 말이 붙었다고 해서 착각하면 안 돼요. 왜냐면 광년은 센티미터나 킬로미터와 같은 **길이를 측정하는 단위**이지, 분이나 일과 같은 **시간을 나타내는 단위가 아니거든요**. 1광년은 1년 동안 빛이 이동하는 거리예요.

빛은 1초에 약 300,000킬로미터, 다시 말해 약 3억 미터를 이동해요. 1분이면 약 18,000,000킬로미터가 되고요.

1시간에는 약 1,080,000,000킬로미터를 이동하죠.

1일이면 약 25,920,000,000킬로미터를 이동하고요.

1년이면 약 94,608억 킬로미터, 즉 약 구천사백육십만 팔천억 미터를 이동하죠.

멀리 떨어져 있는 은하, 예를 들어 지구에서 20억 광년 거리에 있는 은하는 거의 2000경 킬로미터 떨어져 있는 셈이죠.

천문 단위(Astronomical unit)

태양계 내에서의 거리를 나타낼 때는 **천문 단위**(AU)라고 하는 단위를 사용해요. 보통 이 단위는 지구에서 태양까지의 평균 거리를 가리키지요. 1AU는 약 1억 5천만 킬로미터에 해당해요. 정확하게는 149,597,870.7킬로미터죠.

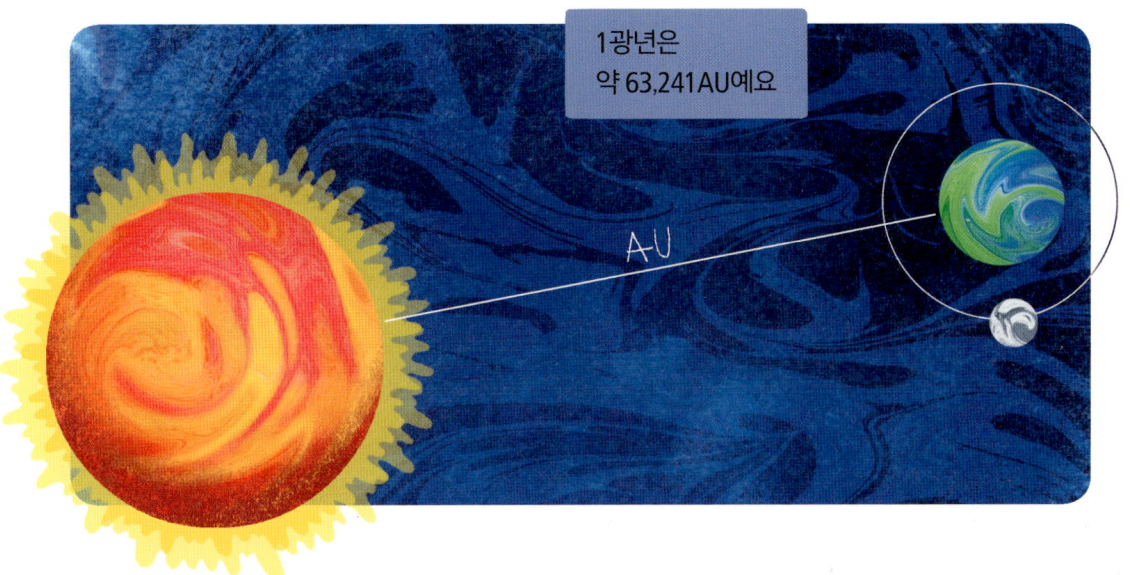

1광년은 약 63,241AU예요

파섹(parsec)

파섹은 연주 시차로 별의 거리를 구할 때 사용되는 단위예요. 1파섹은 연주 시차의 각도가 1초일 때 해당하는 거리로 지구가 1AU를 이동하면 1파섹 거리에 있는 별은 하늘에서 1/3600도, 즉 1초만큼 이동해요.

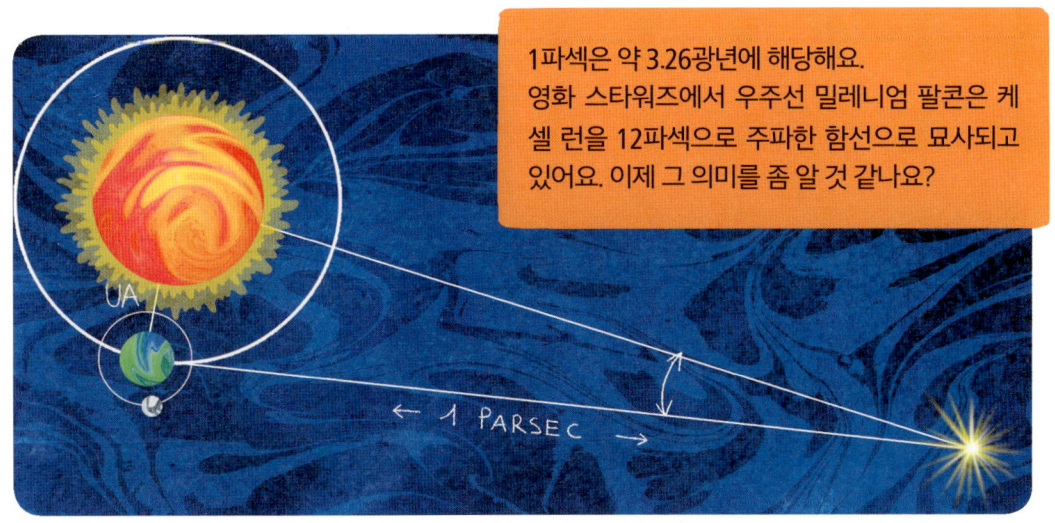

1파섹은 약 3.26광년에 해당해요. 영화 스타워즈에서 우주선 밀레니엄 팔콘은 케셀 런을 12파섹으로 주파한 함선으로 묘사되고 있어요. 이제 그 의미를 좀 알 것 같나요?

빛보다 빠르게!

과학에서 절대적으로 변하지 않는 것이 있다면 빛보다 빠른 것은 없으며, 그 누구도 빛보다 빠른 속도로 움직일 수 없다는 거예요. 환상 속에서 날아다닐 때는 가능할 수도 있고, 아주 엄격한 과학자들도 영화나 만화를 볼 때는 그러려니 할 수 있겠죠.

1938년 6월, 미국의 DC 코믹스에서 갓 출간을 시작한 만화 잡지 〈액션 코믹스(Action Comics)〉에 새로운 인물이 등장했어요. 평소에 아무 일 없을 때는 평범한 사람인 클라크 켄트라는 이름의 기자로 지내지만, 악당이 나타나면 슈퍼맨으로 변해 지구를 지켰어요. 모든 사람의 상상력에 잊히지 않을 영향을 끼친 세계 최초의 슈퍼히어로가 탄생한 거죠.

초자연적인 슈퍼맨의 초능력 중 놀라운 한 가지는 빛보다 빨리 날아다니는 능력이었어요. 슈퍼맨은 만화로, 영화로, 드라마로 제작되어 지금까지도 많은 사랑을 받고 있답니다.

영화 주인공에 대한 이야기가 나왔으니 하는 말인데, 영화 토이 스토리의 멋진 주인공 버즈 라이트이어(Buzz Lightyear)를 알고 있나요? 이 라이트이어가 영어로 광년이라는 뜻이에요. 버즈는 1969년 닐 암스트롱과 함께 인류 역사상 최초로 달에 발을 디딘 우주 비행사 버즈 올드린의 이름에서 따온 인물이랍니다.

알버트 아인슈타인

현대 과학의 아버지라고 불리는 알버트 아인슈타인은 역사상 가장 유명한 물리학자였고, 아르키메데스나 코페르니쿠스, 갈릴레오, 케플러, 뉴턴과 더불어 인류의 **역사에서 아주 중요한 과학자**이지요. 아인슈타인에 대해 이야기하자면 한두 쪽으로는 부족해요. 기회가 된다면 아인슈타인에 대한 책을 꼭 읽어 보길 바라요. 아쉽지만 이 책에서는 아인슈타인의 빛나는 업적 중 몇 가지 궁금증만 해결하려고 해요. 그 몇 가지만으로도 아인슈타인의 매력에 빠질 거예요.

아인슈타인은 3월 14일에 태어났어요. 여느 때와 다름없는 평범한 날인 것 같지만, 월과 일을 붙이면 3.14가 되는데, 이것은 원주율의 앞자리와 같아요. 마치 아인슈타인이 물리학자로서의 운명이 정해져 있었던 것처럼 느껴지지 않나요.
아인슈타인은 어릴 때부터 바이올린을 연주했고, 가장 좋아하는 음악가는 바흐였어요. 옷을 아무렇게나 입었고 머리는 아내가 잘라 주는 대로 하고 다녔으며 양말은 거의 신지 않았다고 해요. 아인슈타인은 냉장고 특허를 낸 적이 있지만 제품으로 생산되지는 못했어요. 스타워즈의 분장 담당자들이 등장인물 '요다'의 캐릭터를 설정하면서 아인슈타인을 모델로 삼았다고 해요. 아인슈타인은 어린 시절에 이탈리아의 파비아에서 살았는데, 그 전에 같은 집에서 시인 우고 포스콜로가 살았대요. 지금은 그 집이 있는 길의 이름이 우고 포스콜로 거리가 됐지만, 아인슈타인이 계속 살았다면 알버트 아인슈타인 거리가 될 수도 있었던 거죠. 미국으로 이주해 미국 시민이 된 아인슈타인은 평화주의 사상 때문에 FBI의 감시를 받았고, 이와 관련된 서류가 거의 2천 페이지에 달했답니다.

퀴즈 9

아인슈타인의 유명한 사진 중에 혀를 내밀고 있는 모습이 있는데요. 이때 무슨 일이 있었을까요?

1. 심한 인후염을 앓고 있을 때였다.
2. 내기에서 져서 후회하고 있었다.
3. 사람들이 계속 사진을 찍어서 지쳐 있었다.

상대성 이론

아인슈타인이 발표한 상대성 이론은 시간과 공간이 상대적이라는 이론이에요. 하지만 진정한 의미에서는 물리학 법칙들이 언제 어디서나 동일하게 적용된다는 것을 확인한 이론이랍니다.

아인슈타인의 가장 위대한 업적은 **시간과 공간에 대한 관점**을 바꾼 거예요. 1905년 아인슈타인은 빛처럼 빠른 속도로 일정하게 운동하는 물체에서는 시간이 느려지고 길이가 짧아지고 질량은 증가한다는 특수 상대성 이론을 발표했어요. 1916년에는 질량을 가진 물체가 시공간을 휘게 만드는 것이 중력이라는 일반 상대성 이론을 발표했답니다. 빠르게 움직이는 물체에서 빛이 나올 경우에 빛의 속도와 움직이는 물체의 속도까지 더해지면 빛은 더 빠른 속도로 움직여야겠지요. 하지만 빛은 느리게 움직이는 물체에서와 똑같은 속도로 움직인답니다. 그래서 빠르게 움직이는 물체에서는 느리게 움직이는 물체보다 시간이 천천히 간다고 주장했어요. 물체가 빛의 속도에 가깝게 움직이면 질량이 무한대로 커져서 결국은 빛의 속도 이상으로 빨라질 수 없어요. 하지만 이것은 같은 속도로 한 방향을 향해 움직일 때만 적용되기 때문에 특수 상대성 이론이라고 했지요.

속도와 방향이 수시로 바뀌는 일반적인 운동까지 포함하기 위해 아인슈타인은 가속도, 즉 중력에 초점을 두었어요. 중력 때문에 시간도 느려지고, 공간과 빛도 휘게 된다는 것이 일반 상대성 이론이랍니다. 진공에서의 빛의 속도는 광원이나 측정하는 사람의 운동에 관계없이 항상 일정하고 정확히 초당 299,792,458미터의 값을 초과할 수 없으니까요.

시간을 거슬러

천문학은 시간을 거슬러, 우주의 오래전 과거 모습을 보여 주는 유일한 학문일 거예요.

여러분이 **열세 살**이고, 이탈리아에서 호주에 사는 여러분 또래의 누군가에게 편지를 쓴다고 생각해 보세요.
편지를 쓴 다음 여러분의 사진을 봉투에 함께 넣고 보내는 거예요.

영어로 사진이라는 단어는 photograph예요. 그리스어로 빛을 뜻하는 phòs에서 유래됐어요. graph는 쓰기를 의미하므로, 우리가 사진을 찍는 것은 빛으로 무엇인가를 쓰는 행동인 거예요.

만약 여러분이 쓴 편지를 가지고 우편 배달부가 50년 동안 걸어서 호주에 도착한다고 했을 때 여러분 또래의 수신자는 63세가 되어 있을 거예요. 물론 여러분도 마찬가지겠지만 여러분이 쓴 편지를 읽고 여러분의 사진을 보면 시간을 거슬러 올라가 지금 현재 열세 살인 여러분의 모습을 보게 되겠죠. 재미있지 않나요?

　멀리 있는 별과 은하에서도 이와 똑같은 일이 벌어지고 있어요. 빛은 138억 년 전 우주에 생긴 별의 빛을 지금 우리에게 전달하고 있으니까요. 사실 지구에서 10억 광년 떨어진 은하는 우주에서 우리가 수십억 킬로미터 너머의 공간을 내다볼 수 있게 해 주는 동시에, 10억 년 이전의 시간으로 되돌아가게 해 주는 것이죠.

> 광년은 '년'이라는 말이 포함돼 있지만 시간의 단위가 아니라는 거 기억하나요? 미터나 킬로미터와 같은 거리의 측정 단위이고, 그 규모가 거대할 뿐이죠. 광년은 1년 동안 빛이 이동하는 거리를 의미합니다.

타임머신

넓게 생각하면 우리는 **과거의 시간**을 마주하고 있어요. 일상생활에서는 느낄 수 없지만 우주의 경우 거대하고 그 길이도 방대해서 상황이 다르죠. 예를 들어, 여러분이 달을 본다면 대략 1초 전의 달을 보는 거예요. 한편 태양은 **약 8분 늦게** 보는 셈이고요. 태양의 빛이 어느 순간 갑자기 꺼진다면, 여러분은 세상이 어두워지기 전에 적어도 아이스크림 하나 정도 먹을 시간은 있는 거예요. 그리고 태양에서 가장 가까운 별인 프록시마 센타우리는 약 4년 전의 모습이랍니다! 우주에는 아주 멀리 있어서 그 빛이 우리에게 오기까지 **수백만, 혹은 수십억 년**이 걸리는 은하들이 있어요. 그러니까 망원경이 바로 타임머신인 거예요! 그리고 점점 더 먼 우주를 바라보며 한 층, 한 층 우주의 역사를 재구성해 가는 천문학자들은 고고학자와 비슷하다고 할 수 있죠.

멀리, 멀리, 더 멀리

우리가 우주를 멀리, 더 멀리, 점점 더 멀리 내다보면 무엇을 보게 될까요? 계속 더 멀리, 무한대로 멀리 내다볼 수 있을까요?

사실 **우주는 끝이 없지만**, 점점 더 먼 우주의 시간을 따라가면 어느 지점에서 우주의 모습이 지금과 매우 다르다는 것을 알 수 있어요. 천문학자들은 수십억 년 전에 우주가 **매우 뜨겁고 밀도가 높았다**는 것을 알아냈어요. 지금처럼 빈 공간이 있는 것이 아니라, 서로 끊임없이 부딪히는 소립자 형태의 아주 뜨거운 물질로 가득 차 있었어요.

물리적 관측과 이론을 통해, 현재의 우리는 이처럼 뜨겁고 밀도가 높은 지점이 약 138억 년 전이라는 것을 알게 됐어요. 심지어 그 당시 **우주의 사진을 찍는데도 성공**했죠. 당시의 우주는 정말 혼란스러운 곳이었어요. 별의 내부처럼 아주 뜨거운 상태가 전부였어요.

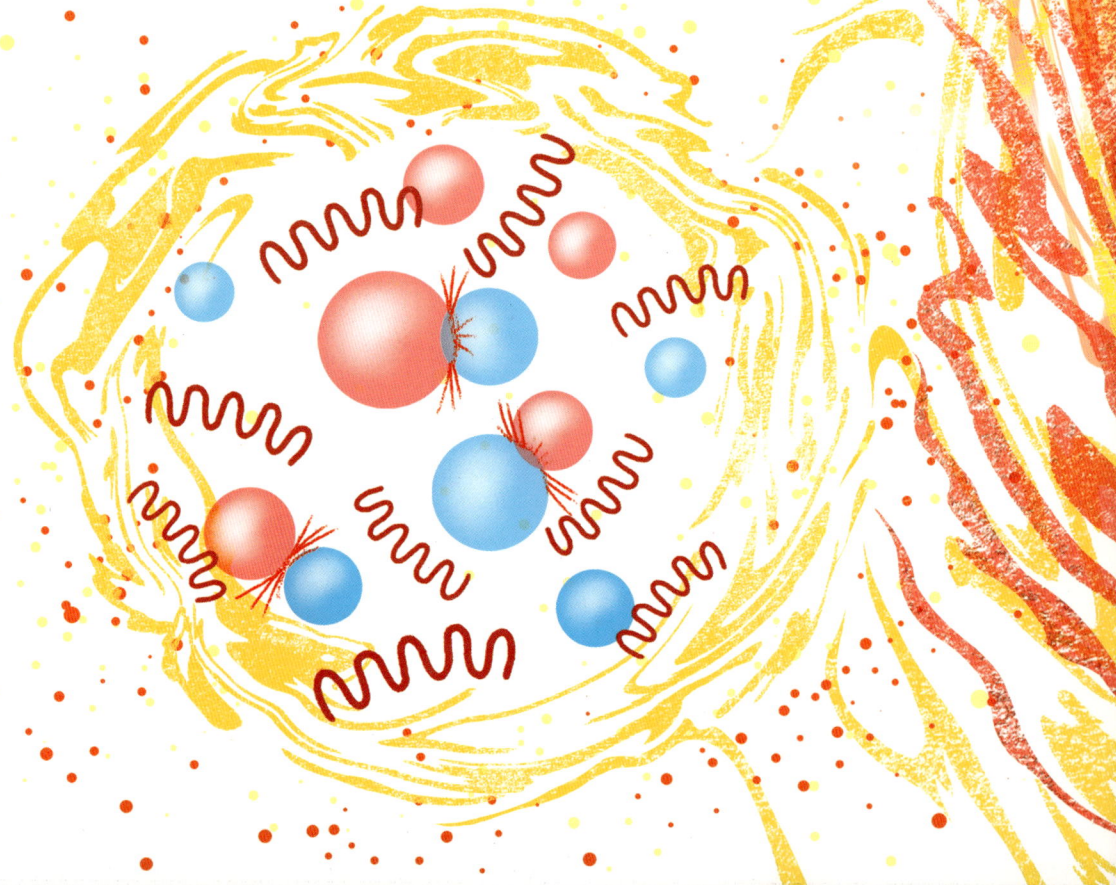

퀴즈 10

현대의 우주선을 타고 태양까지 가려면 4년이 조금 넘는 시간이 걸려요. 그렇다면 지구에서 두 번째로 가까운 별, 프록시마 센타우리까지 가려면 얼마나 걸릴까요?

1. 8년
2. 137년 1개월 3일
3. 15만 년

　우주가 어떤 형태인지 궁금한 적 있나요? 우주는 둥근 구형일까요? 아니면 평평한 형태일까요? 공간을 나타낼 때는 차원에 대해 알아야 해요. 1차원 공간은 직선이며 2차원 공간은 평면, 3차원 공간은 우리가 일상적으로 경험하는 입체 공간이고 4차원은 보통 상대성 이론에 나오는 시간이라는 차원이 추가된 공간을 일컬어요. 따라서 우주의 형태를 나타내기는 쉬운 일이 아니죠. 실체가 없는 4차원을 형태로 나타낼 수는 없으니까요.

　천체 물리학자들은 우주가 세 가지 형태일 수 있다고 생각했어요. 우주 공간이 종이처럼 평평할 수도 있고, 공처럼 둥글 수도 있고, 곡선처럼 휘어 있을 수도 있다고요. 단순하게 2차원적으로 생각했을 때 빛의 움직임을 관찰하면 우주의 형태를 알 수 있어요. 빛들이 아주 긴 거리를 이동하면서 평행한 상태를 유지하면 우주 공간은 평면이고, 빛이 구부러지면 구형이나 곡선의 형태겠죠. 빛을 측정한 결과 우주 공간은 가장 단순한 형태, 즉 **종이처럼 평평한 형태**였어요. 하지만 우주는 우리에게 무한한 미지의 공간이니 어떤 모양일지는 많은 연구가 필요해요.

우주의 시작

현재 우리가 관측할 수 있는 가장 멀리서 온 빛은 138억 년 전에 출발한 빛이에요. 그 빛이 138억 년 동안 우리에게 오는 사이에도 우주의 공간은 계속해서 팽창했기 때문에 그 빛이 출발한 지점과 지구 사이의 현재 거리는 약 465억 광년으로 계산된답니다. 우주는 은하군, 은하단, 초은하단, 대규모 구조 그리고 우주의 거대 구조라고 부르는 다양한 구조를 가지고 있고 상상할 수 없을 정도로 커요. 우리가 관측한 우주의 구조 중에서 가장 큰 것은 **거대한 벽**이라고 불리는 것인데 은하들이 거대한 벽 모양 속에 모여 있지요. 이렇게 거대한 우주의 시작이 **빅뱅**이라고 알려져 있답니다!

퀴즈 11

호일이 빅뱅 이론에 빅뱅이라는 이름을 붙이기 전에 이 이론은 무엇이라고 불렸을까요?

1. 최초의 순간   2. 우주 점화
3. 원시 원자

빅뱅의 발전

1922년 러시아의 물리학자 **알렉산드르 프리드만**(Aleksandr Friedmann)은 상트페테르부르크에 있는 자신의 연구실에서 발트해의 한파를 바라보며 수천 가지 생각에 사로잡혀 있다가 우주가 정적인 상태로 멈춰 있는 것이 아니라 팽창하고 있다고 직감했어요. 우주 팽창을 기술한 프리드만 방정식을 발표했지요.

벨기에의 성직자이자 천문학자, 물리학자인 **조르주 르메트르**(Georges Lemaître)는 아주 뜨겁고 밀도 높은 하나의 점이 팽창해 우주를 이루었다는 가설을 처음으로 세운 사람이었어요. 하지만 당시에 팽창 우주는 받아들여지지 않았어요.

러시아에서 태어난 물리학자

조지 가모프(Georgij Gamov)는 프리드만의 제자였어요. 그러나 러시아의 통치 체제가 혹독해지면서 미국으로 건너가 물리학과 우주학, 생물학을 비롯해 자신의 호기심을 자극하던 학문을 계속 연구했어요. 가모프는 1948년 빅뱅 초기의 모습을 처음으로 정확하게 설명하는 논문을 발표했어요. 초기 우주에서 만들어진 수소와 헬륨의 형성 과정을 추정하고 초기 우주의 흔적인 '우주 배경 복사'도 예측했답니다.

영국의 천문학자였던 **프레드 호일**(Fred Hoyle)은 초기 우주가 지금 모습과 변함없다는 정상 우주론을 주장했어요.

1949년의 어느 봄날, 호일은 BBC 방송에 출연해 가모프의 이론을 '어느 날 우주가 빵 하고 대폭발했다(big bang)'는 이론이라며 비아냥거렸어요. 아이러니하게도 이때부터 팽창 우주론은 빅뱅이라고 불리게 되었죠.

영국 런던의 웨스트민스터 궁전 북쪽 끝에 있는 빅 벤(Big Ben)은 빅뱅과 아무 관련이 없어요. 오늘날 빅 벤은 자명종 시계뿐만 아니라 시계탑 자체를 가리키지요. 영국 런던을 상징하는 건축물이랍니다.

우주라는 말의 기원

우리가 잘 알고 있는 영어로 우주 universe는 라틴어 univérsus에서 유래되었어요. 라틴어로 univérsus는 **전체**적인이라는 뜻의 형용사예요. 그리고 이 형용사는 하나를 뜻하는 unus와 방향을 뜻하는 versus의 합성어죠. 따라서 우주는 세상 모든 하나를 포함하는 것을 가리킬 때 사용하는 말인 거예요.

이 책에서도 우주는 절대적인 주인공이고 모든 **사물과 사건의 총체**를 가리키는 의미를 포함하고 있어요. 이처럼 모든 것을 포함하고 있으므로 단 하나일 수밖에 없죠. 만에 하나 우주가 둘이라면 우주라는 말을 바꿔야겠네요.

우주는 영어로는 universe, 프랑스어로는 univers, 독일어로는 universum이에요. 핀란드어로는 maailmankaikkeus, 크로아티아어로는 svemir, 폴란드어로는 wszechświat죠. 포르투갈과 스페인에서는 universo, 알바니아에서는 universi, 덴마크에서는 univers, 에스토니아에서는 universum이라고 하고, 스코틀랜드 게일어로는 cruinne, 리투아니아어로는 visata, 헝가리에서는 világunverzum이랍니다.

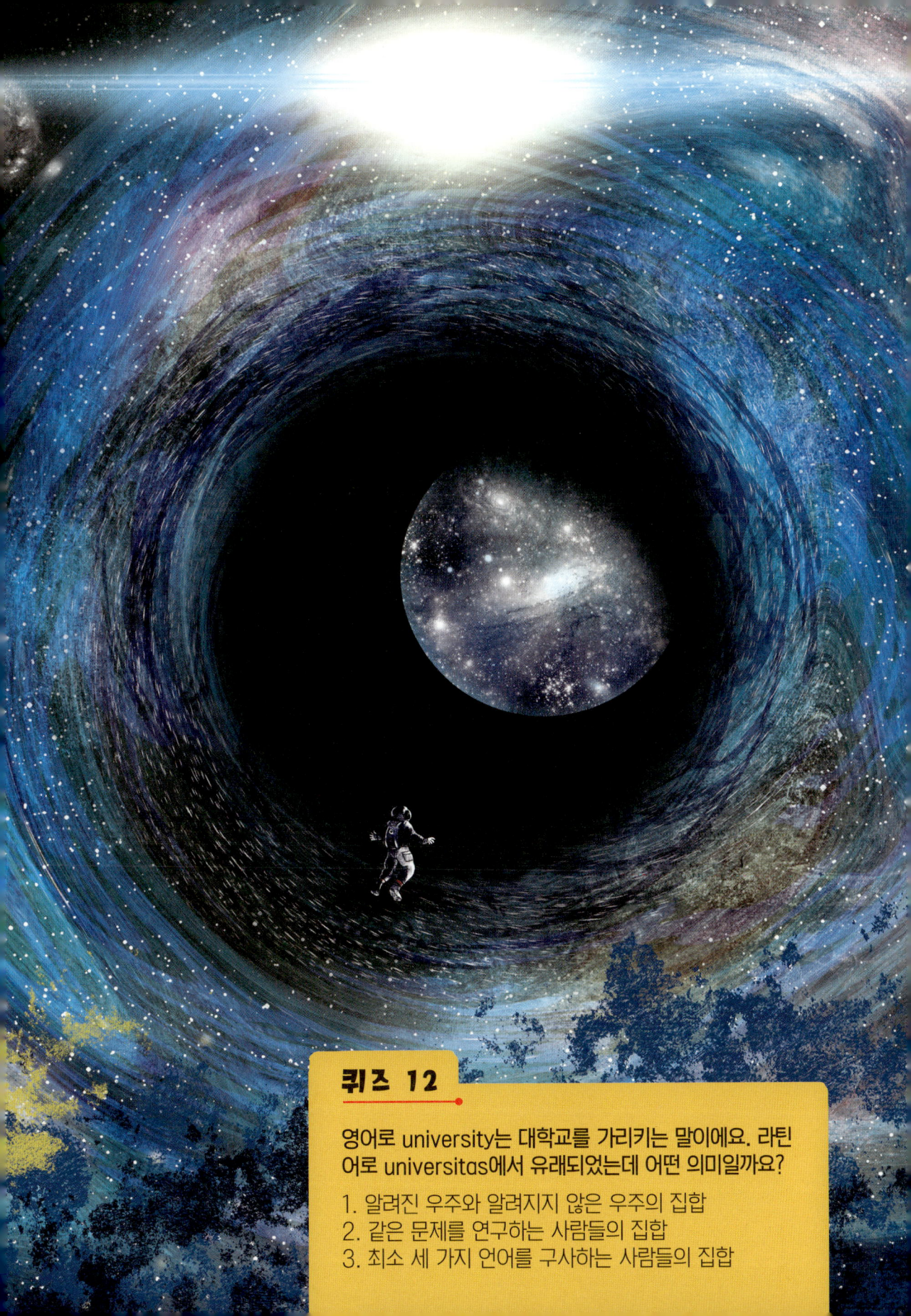

퀴즈 12

영어로 university는 대학교를 가리키는 말이에요. 라틴어로 universitas에서 유래되었는데 어떤 의미일까요?

1. 알려진 우주와 알려지지 않은 우주의 집합
2. 같은 문제를 연구하는 사람들의 집합
3. 최소 세 가지 언어를 구사하는 사람들의 집합

우주에 대한 여러 생각들

갈릴레오 갈릴레이에게
우주는 혁명적이었어요.

아이작 뉴턴의 우주는 보편적이고
절대적인 것이었어요.

에드윈 허블은 우리 은하 외에 외계
은하가 있음을 밝혀냈어요.

소설가 아이작 아시모프에게
우주는 상상이었어요.

우주의 팽창

초기 우주는 왜 지금보다 훨씬 더 뜨겁고 밀도가 높았을까요?
　간단히 설명하면 **우주가 팽창**하기 때문이에요! 따라서 우리가 우주의 역사를 담은 영상을 뒤로 돌려 볼 수 있다면, 우주가 점점 더 작은 크기로 압축되는 것을 볼 수 있을 거예요.

> 정말 놀라운 일이죠? 사실 천체 물리학자들조차도 우주가 팽창한다는 사실을 확신하기까지 꽤 오랜 시간이 필요했어요.

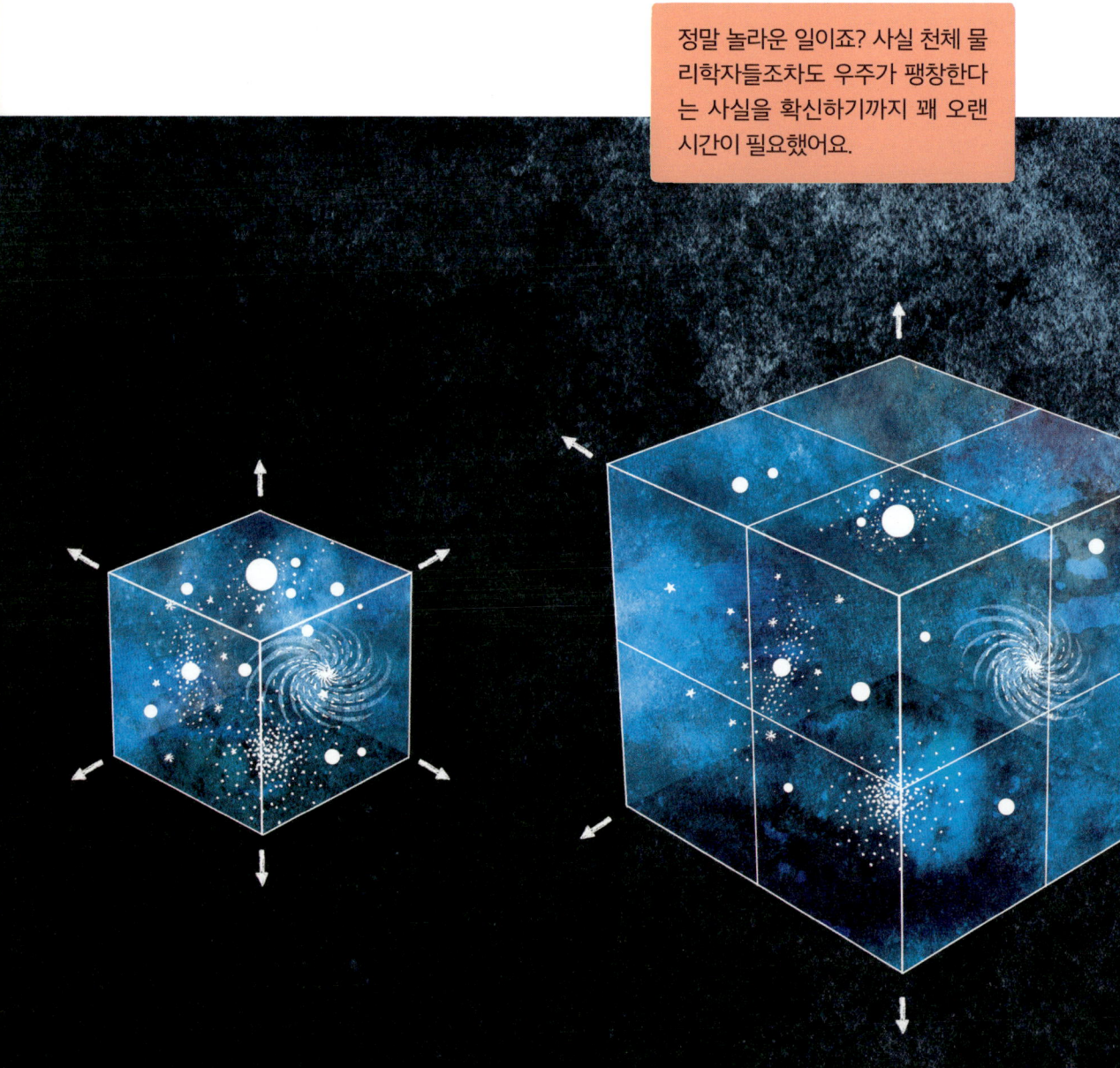

1929년, 천문학자 에드윈 허블이 **다른 은하가 거리와 비례하는 속도로 지구에서 멀어지고 있다**는 것을 발견한 덕분에 우주가 팽창하고 있다는 사실을 확실히 알게 되었어요. 다시 말해, 지구와 동일한 거리에 있는 모든 은하는 똑같은 속도로 멀어지고 두 배 멀리 떨어져 있는 은하들은 두 배 더 빨리 멀어지는 거죠. **허블의 법칙**이라고 하는 이 법칙은 매우 정확하고, 지금까지 우리가 해 온 모든 관찰에서 확인됐어요. 우리 은하는 가만히 멈춰 있고 다른 은하들만 우리 은하로부터 멀어지고 있을 수는 없어요. 멀어지는 은하들의 움직임은 절대적이니까요. 우주에 있는 어느 두 은하 간의 거리는 시간이 흐르면서 점점 멀어지게 되죠. 다시 말해 우주가 팽창하고 있는 거예요!

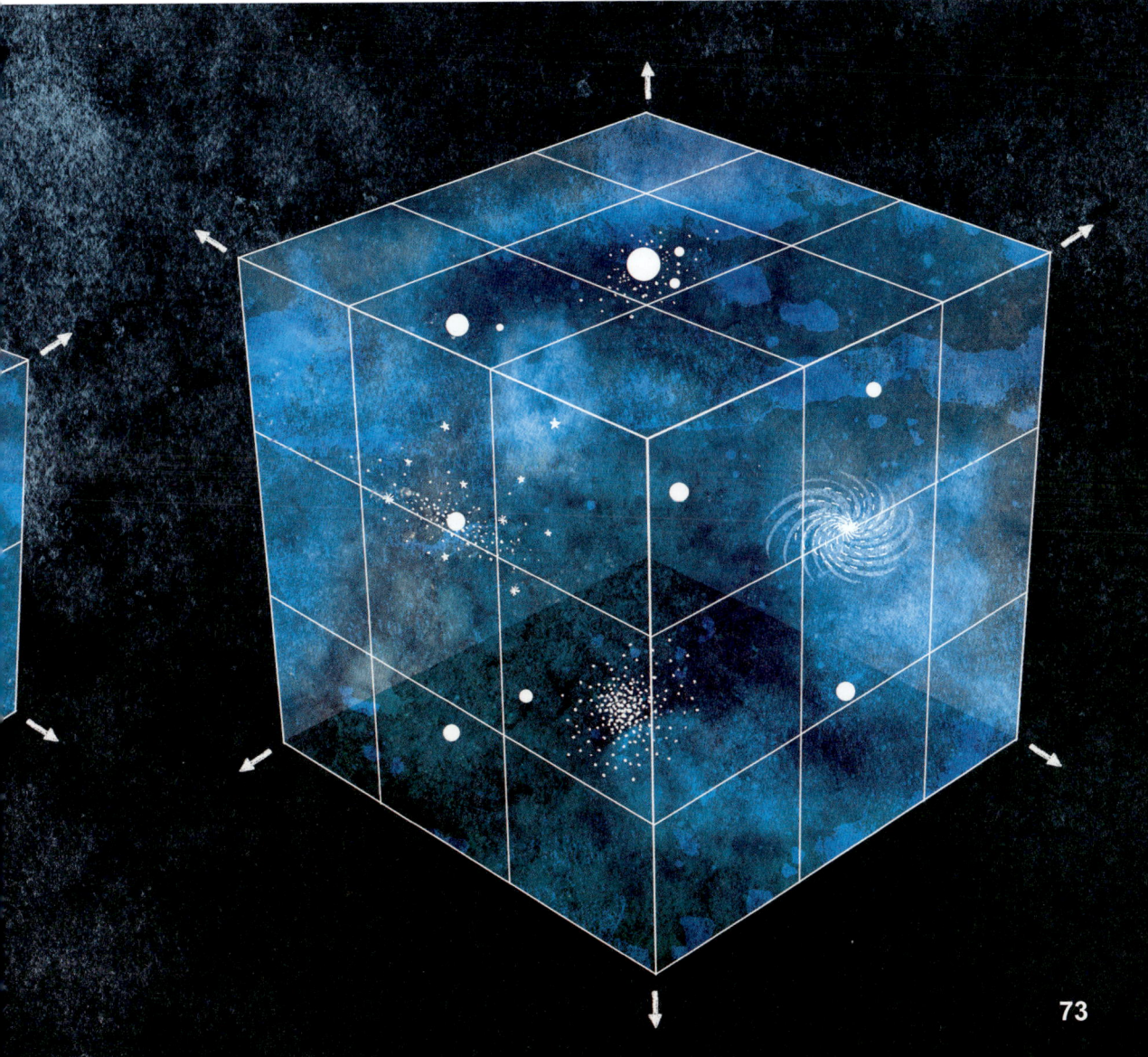

허블과 허블

우주에 대한 이야기를 할 때 미국의 **천문학자인 에드윈 허블**의 이름이 빠질 수 없는데요. 이제 그 이유를 살펴볼까요?

1924년, 미국 캘리포니아주의 윌슨산 천문대에서 일하던 허블은 망원경으로 관측을 하다 안드로메다 성운이 **우리 은하처럼 하나의 은하**라는 것을 알아냈어요.

이후, 우주에 있는 다른 은하들을 발견하고 연구하면서 이 은하들이 지구에서 점점 멀어지고 있는 데다가, 멀리 있을수록 멀어지는 속도가 더 빠르다는 사실을 밝혀내 현재 우리가 '허블의 법칙'이라고 부르는 우주 팽창 이론을 정의했어요.

1990년 4월 24일, 우주 왕복선 디스커버리호가 **우주 망원경**을 싣고 미국 플로리다의 케이프 커내버럴 발사 기지에서 이륙했어요. 당시까지 불가능했던 먼 우주를 관찰하기 위해 **대기권 밖에** 놓이게 될 거대한 우주 망원경이었죠. 과학자 에드윈 허블을 기리기 위해 이 놀라운 과학 기술의 산물에 허블이라는 이름을 붙였어요. 우주의 팽창을 증명한 허블의 법칙은 세상을 바꿀 만한 것이었으니까요. 허블 망원경은 우주를 관찰해 뛰어난 성과를 남겼답니다.

퀴즈 13

에드윈 허블의 이름으로 우주 망원경 외에 다른 것도 헌정되었는데요. 무엇일까요?

1. 달의 분화구
2. 목성의 위성
3. 혜성

팽창에 대한 세 가지 의문

우주 안에서 무엇이 팽창하는 걸까?

우주 안에 특별한 것은 없어요! 우주 안에 팽창할 수 있는 **별도의 공간이 존재하는 것이 아니에요**. 여전히 많은 사람들이 빅뱅과 함께 시작된 우주의 팽창을 폭탄이 터지는 것처럼 생각해요. 폭탄은 폭발 지점을 중심으로 파편이 날아가니까요. 하지만 우주 팽창은 폭탄 폭발과는 완전히 달라요. 우주의 팽창은 **우주의 시공간 자체가 팽창**하는 거예요. 은하는 그 공간 속에 멈춰 있고, 확장에 의해 거리가 멀어지는 것이죠.

> 풍선 위에 점을 몇 개 그리고 풍선을 분다고 생각해 보세요. 풍선이 부풀면서 이 점들은 서로 점점 멀어져요. 풍선은 불수록 더 커지고 그 표면도 점점 넓어져요. 풍선 위의 점들은 풍선이 커지는 만큼 서로 멀어지게 되지요. 면적이 늘어나고 있는 풍선 표면에서 팽창의 중심이 어디인지 찾을 수 있나요? 풍선 어느 곳을 중심이라고 하든 모두 그곳을 중심으로 풍선이 팽창하는 것처럼 보일 거예요. 왜냐면 팽창하는 풍선의 표면은 특정한 중심이 없고 표면 자체가 균일하게 팽창하는 것이기 때문이죠.

팽창의 중심은 어디일까?

우주에 특별한 중심은 없어요. 우주의 모든 지점이 다른 지점들과 근본적으로 같아요. 팽창은 **어디서나 동일한 법칙으로** 이루어지고요. 어느 은하에서나 허블의 법칙에 따라 다른 은하들이 멀어지는 모습을 볼 수 있다는 말이죠.

우주가 팽창한다면 우리 은하와 태양계, 지구, 그리고 우리 자체도 팽창되어야 하지 않을까요?

태양계도 점점 팽창되나요?

우주 팽창은 우주 공간에서 시간이 지남에 따라 거리가 서로 멀어지는 현상이에요. 따라서 물체의 크기는 팽창하지 않아요. 그렇다면 태양계 행성들은 어떨까요? 태양계의 행성들은 거리가 가깝기 때문에 팽창하는 힘보다 중력이 더 커서 팽창하지 않는답니다.

왜 하늘은 어두울까요?

밤이 어두운 이유는 당연히 해가 지고 빛이 사라지기 때문이죠. 하지만 이번 질문은 그 뜻이 아니에요.

이 질문의 속뜻은, 별들이 빼곡하게 차 있는 밤하늘이 왜 밝게 빛나지 않는지 묻는 거예요. 우리가 맨눈으로 볼 수 있는 별들만 존재하고 우주의 다른 부분은 모두 검게 비어 있기 때문일까요? 당연히 그렇지 않죠. 실제로 별과 별 사이를 관측해 보면 계속 새로운 별과 은하가 발견됩니다. 그렇다면 **왜 이 모든 별과 은하의 빛이 밤하늘을** 밝게 하지 못하는 걸까요? 별과 은하가 너무 멀어서 그럴까요? 그것도 아니에요. 멀리 있는 별들이 더 희미하지만, 가까이에 있는 별보다 그 수가 훨씬 많으면 그 빛들이 모여 아주 강한 빛이 될 수 있죠.

천문학자들은 우주가 왜 깜깜한지에 대해 아주 오랜 시간 골머리를 앓았고 우주 팽창론에서 답을 찾았답니다! 그러니까 먼 은하의 빛은 우주의 팽창으로 인해 점점 더 멀어지고 있기 때문에 지구까지 충분히 도달하지 못하는 거예요.

지구 대기 너머의 하늘은 아주 어둡고, 한낮에 태양이 완전히 떠 있을 때도 컴컴해요. 하지만 지구의 하늘은 파랗죠. 이것은 대기가 태양에서 지구로 오는 빛을 굴절·산란시키기 때문이에요.

퀴즈 14

어둠과 빛에 관련된 문제입니다.
토마스 에디슨이 전구의 특허를
취득한 해는 언제일까요?

1. 1801년 2. 1880년
3. 1912년

빅뱅의 소리

빅뱅이라는 말을 들으면 다들 폭발과 거대한 굉음을 상상할 거예요! 그러나 사실 **우주는 폭발로 시작되지 않았어요**. 폭탄이 폭발할 때 파편이 튀는 것처럼 사방에 파편을 날리지도 않았고, 폭발점이 있지도 않았어요! 빅뱅은 약 138억 년 전에 사방이 매우 뜨겁고 밀도가 높았던 우주가 매우 빠른 속도로 팽창하기 시작했다는 거예요. 우리가 상상하는 굉음은 없었어도 **소음과 매우 비슷한 무엇**이 있었을 것이라는 건 알 수 있어요. 왜냐하면 공간이 매우 뜨거운 가스로 가득 차 있었고, 우리 목소리가 공기 중에 울려 퍼지는 것처럼 전파되는 파문이 있었기 때문이에요. 놀랍게도 천체 물리학자들은 빅뱅이 시작될 때부터 전달된 이러한 음파를 측정하는 데 성공했어요. 그리고 악기 소리를 분석하는 것처럼 그 음파를 분석했어요. 음파를 이용해 우주가 어떻게 만들어졌는지를 알아내려고 한 거죠. 이 음파를 **우리가 들을 수 있는 소리**로 변환하면 재미있을 거라고 생각하겠지만 사실 상상했던 소리는 아니에요. 비행기 이륙할 때의 소리와 비슷하거든요!

우주에는 공기가 없어서 소리도 없어요. 그러나 탐지기와 망원경으로 수집한 데이터를 이용해 지구에서 우리가 들을 수 있는 공간의 소리로 변환할 수 있죠.
실제로 화성에서 지진 가능성을 보이는 진동이 감지됐어요. 화성에서 일어나는 진동이니 화진이라고 해야 할까요? 어쨌든 2019년에 화성 내부 구조를 조사하던 인사이트 탐사선이 이 진동을 기록했는데, 주파수를 잘못 맞춘 낡은 라디오에서 나오는 소리 같았어요.
반면 138억 년 전 우주의 소리는 플랑크 위성이 녹음했고 비행기가 이륙할 때의 소리 같았죠. 찬드라 엑스선 관측소에서는 스릴러 영화의 사운드트랙 같은 은하수 중심의 블랙홀 소리를 포착했고요. 주노 탐사선은 목성의 전리층에서 나오는 소리를 포착했는데 바위에 부딪히는 파도나 터널로 들어가는 바람 소리와 비슷했어요. 여러분도 인터넷 사이트 사운드 클라우드(soundcloud)에 들어가 Nasa를 검색해 이 소리를 직접 들어볼 수 있어요.

퀴즈 15

음악계에서 빅뱅은 무엇일까요?

1. 팝 그룹
2. 드럼의 일종
3. 작품의 결말

빅뱅이 있기 전

시간을 거슬러 올라가 우주의 모든 지점 간의 거리가 점점 더 좁아진다면, 조만간 이 거리가 0이 되어 **모든 것이 한 점으로 압축**되고 밀도는 무한대가 될 거예요!

이때가 바로 천체 물리학자들이 우주의 시간을 계산하기 시작하는 순간이에요. 우리가 우주의 나이를 138억 년이라고 말하는 것은 모든 것이 한 점에서 시작된 순간부터 138억 년이 흘렀다는 의미예요.

그렇다면 그 이전에는 무엇이 있었을까요?

아무것도 없었다면 시간과 공간도 없었을 거예요.

물리학자들은 밀도가 무한해지고 시간과 공간도 없는 우주의 시작인 그 점을 **특이점**이라고 불러요.

우리가 존재한다고 알고 있는 모든 것, 물질, 에너지, 시간, 공간이 상상할 수 없을 정도로 작고 무한한 밀도를 가진 하나의 점으로 존재했던 거예요. 특이점은 원자보다도 작았고 우주에 특이점 외의 다른 것은 존재하지 않았죠. **어쩌면 다른 무언가가 있었을 수도 있지만** 현재의 우주와는 매우 달랐을 것이고 지금의 물리학으로 설명하기는 어려워요. 우주 이전에 무엇이 있었는지 알려면 우리 인간은 지금보다 훨씬 더 똑똑해져야 해요.

반물질이 무엇일까요?

　우리 주위에 보이는 모든 물질은 입자로 이루어져 있어요. 물질의 기본적 구성 단위인 원자는 전자와 양성자, 중성자로 이루어져 있고요. 양성자와 중성자는 쿼크(quark)라는 기본 입자로 구성되죠. 20세기 물리학에서 가장 놀라운 발견 중 하나는 이러한 물질 입자가 일종의 쌍둥이 입자를 갖고 있다는 거예요. 질량은 동일하지만 전하가 반대인, 물리학자들이 반입자라고 부르는 입자죠. 말하자면 우리가 알고 있고 우리의 몸을 구성하는 물질 외에 반물질도 존재하는 거예요. 그런데 이 반물질은 어디에 있을까요? 자연에서 발생되는 유일한 반물질로는 양전자가 있어요. 하지만 양전자는 원자가 가진 전자를 만나 감마선을 남기며 사라져요. 태양 중심에도 양전자가 만들어지는데 주변에 전자가 많이 존재해 바로 파괴되며 감마선으로 바뀌지요. 물질의 입자가 자신의 반입자와 만나면, 플러스와 마이너스처럼 서로를 상쇄하는 거죠. 빅뱅이 일어난 후 우주에는 물질과 반물질이 비등하게 존재했어요. 하지만 현재의 우주는 반물질이 아닌 물질로 이루어져 있죠. 물리학자들은 반물질 실험을 통해 초기 우주를 재현하며 빅뱅 직후 우주가 어떠했는지, 어떻게 지금은 우주가 물질로만 이루어졌는지 연구하고 있어요.

> 우주가 물질로 이루어진 건 정말 다행이에요. 반물질과 물질이 만나면 거대한 폭발이 일어난다는 사실 때문이죠. 반물질 1그램만으로도 원자 폭탄의 파괴적인 효과가 일어날 수 있어서 만약 폭발이 일어난다면 그 위력은 상상 이상이겠죠. 하지만 반물질은 자연 상태로 존재하지 않아 구하기가 어렵고 만드는 데도 어마어마한 비용이 들어서 그럴 일은 없을 거예요.

우주 피자

우주를 생각하면 무엇이 떠오르나요? 별? 네, 당연히 그럴 거예요! 그러나 우주에는 직접적으로 볼 수 없는 다른 수많은 것들이 있어요. 지난 몇 십 년 동안 천체 물리학자들은 우주에 있는 여러 종류의 물질과 에너지의 양을 측정했고 놀라운 사실을 발견했어요.

　우주의 모든 내용물을 커다란 피자라고 생각해 보세요. 이 피자를 20조각으로 나누면 그중 한 조각만 우리가 직접적으로 알 수 있는 유일한 성분인 원자로 이루어져 있어요! 별과 행성을 포함해 **우리를 구성하고 있고, 우리 눈에 보이는 물질**이 피자 한 조각인 거예요. 나머지 피자의 약 4분의 1은 **암흑 물질**, 즉 우리가 볼 수 없는 정체불명의 물질로 이루어져 있고요. 아직은 암흑 물질이 무엇인지 모르지만, 이것을 알아내기 위해 수많은 실험을 하고 있어요. 나머지 피자, 즉 절반 이상은 **암흑 에너지**라고 하는 빈 공간의 에너지로 이루어져 있죠. 게다가 이 에너지는 점점 더 빠른 속도로 우주를 팽창시키고 있답니다.

퀴즈 16

이탈리아 나폴리의 피자 장인 라파엘레 에스포시토는 왕비에게 바칠 피자로 이탈리아 국기를 상징하는 피자를 만들었어요. 이 피자는 무엇일까요?

1. 감자칩 피자　　2. 사계절 피자
3. 마르게리타 피자

암흑 물질

암흑 물질이라는 것은 이름만 들어도 어둠이 느껴져 호기심을 자극하죠. 우리가 암흑이라는 말을 사용하는 것은 아직 상당히 명확하지 않은 부분이 있기 때문이에요.

그러나 암흑 물질에 대해 아는 것도 몇 가지는 있어요. 일단 암흑 물질과 반물질을 혼동하면 안 돼요. 둘은 완전히 다르답니다! 암흑 물질이 항성이나 행성, 생물을 형성하는 물질로 이루어진 것이 아니라는 것은 확실해요. 아직 알려지지 않은 **미지의 입자**일 가능성이 많지만 이 또한 아직 예측 단계에 불과해요.

암흑 물질은 우주에 있는 모든 물질과 마찬가지로, 질량을 가지고 있고 무겁다고 밝혀졌어요. 암흑 물질은 일반 물질이나 전자기파에는 반응을 하지 않아서 관측이 곤란했어요. 하지만 암흑 물질끼리 서로를 끌어당긴다는 가능성이 제기되어 새로운 탐사와 연구가 계속되고 있답니다.

암흑 물질의 존재를 발견한 것은 1978년 미국의 뛰어난 천문학자 **베라 루빈**이었어요. 암흑 물질의 증거를 발견하기 위해 이론적 바탕에 필요한 방대한 양의 데이터를 분석할 뿐 아니라 정밀하고 오랜 관측을 통해 우주에 대한 상식을 뒤집어 버렸죠.

> 우주에 가득하지만 미스터리한 암흑 물질은 베라 루빈이 연구한 것이고, 현재 우리 우주 외에 더 넓은 우주를 상상할 수 있는 것도 당연히 베라 루빈 덕분이랍니다.

탈출 속도와 검은 별

대포알을 우주로 쏘아 지구로 다시 돌아오지 않게 하려면 얼마나 빠른 속도로 대포를 발사해야 하는지 궁금한 적 있나요? 결론부터 말하면 초당 약 11킬로미터, 시속으로는 4만 킬로미터 정도로 발사하면 됩니다. 지구와의 만유인력을 이겨 낼 정도의 운동 에너지를 가지고 지구로부터 탈출해야 하죠.

쥘 베른의 소설 『지구에서 달까지』에서 초대형 대포를 이용해 바비케인과 아르당, 니콜이 탄 우주선을 달까지 쏘아 올려요. 1902년 프랑스 영화감독 조르주 멜리에스가 단편 영화 '달세계 여행(Voyage sur la Lune)'을 제작하면서 이 장면을 재현해 탄알이 달에 명중하는 모습을 볼 수 있죠.

이러한 속도를 **탈출 속도**라고 하는데요. 당연히 지구보다 질량이 큰 천체에서의 탈출 속도는 더 빨라야 해요. 예를 들어, 태양에서 탈출하고 싶다면 아주 빠른 속도로 날아 초속 약 618킬로미터에 도달해야 해요. 그렇다면 크기는 작지만 밀도가 높은 천체, 즉 질량은 몇 킬로미터밖에 되지 않지만 밀도가 아주 높은 **중성자별**에서 탈출하려면 거의 빛의 속도로 이동해야 한답니다!

> 1783년, 존 미첼(John Michell)이라는 영국 과학자는 빛도 빠져나올 수 없을 정도로 밀도가 높은 물체가 존재할 수 있는지 궁금했고, 별의 밀도가 매우 높으면 그 표면을 벗어나는 데 필요한 속도가 빛의 속도보다 훨씬 더 커야 한다는 사실을 알게 됐어요. 그러면 빛도 빠져나가지 못해 별이 검게 보이겠죠! 존 미첼은 이러한 가상의 별을 검은 별이라고 불렀답니다

블랙홀을 만들어 봅시다

정말 블랙홀이 존재할 수 있을까요?

20세기 초, 쓰기도 어려운 칼 슈바르츠실트(Karl Schwarzschild)라는 이름의 과학자가 질량이 있는 물체에는 **슈바르츠실트 반지름**이라고 하는 아주 특별한 한계점이 있다는 것을 계산해 냈어요. 질량이 큰 물체가 슈바르츠실트 반지름보다 작아질 때까지 수축되면, 미첼의 검은 별처럼 모든 것을, 심지어 빛까지 가둘 수 있을 정도로 높은 밀도의 물질이 되죠. 이러한 물체의 슈바르츠실트 반지름 안에 들어가면 다시는 빠져나올 수 없을 거예요. 여러분도 이미 예상했겠지만, 이런 종류의 물체, 즉 빛도 빠져나올 수 없을 정도로 매우 강한 중력이 작용하는 것은 **블랙홀**밖에 없어요!

슈바르츠실트라는 이름은 독일어로 '검은 방패'를 의미하는데요. 이 과학자가 블랙홀의 존재 가능성을 발견한 것은 우연의 일치일까요?

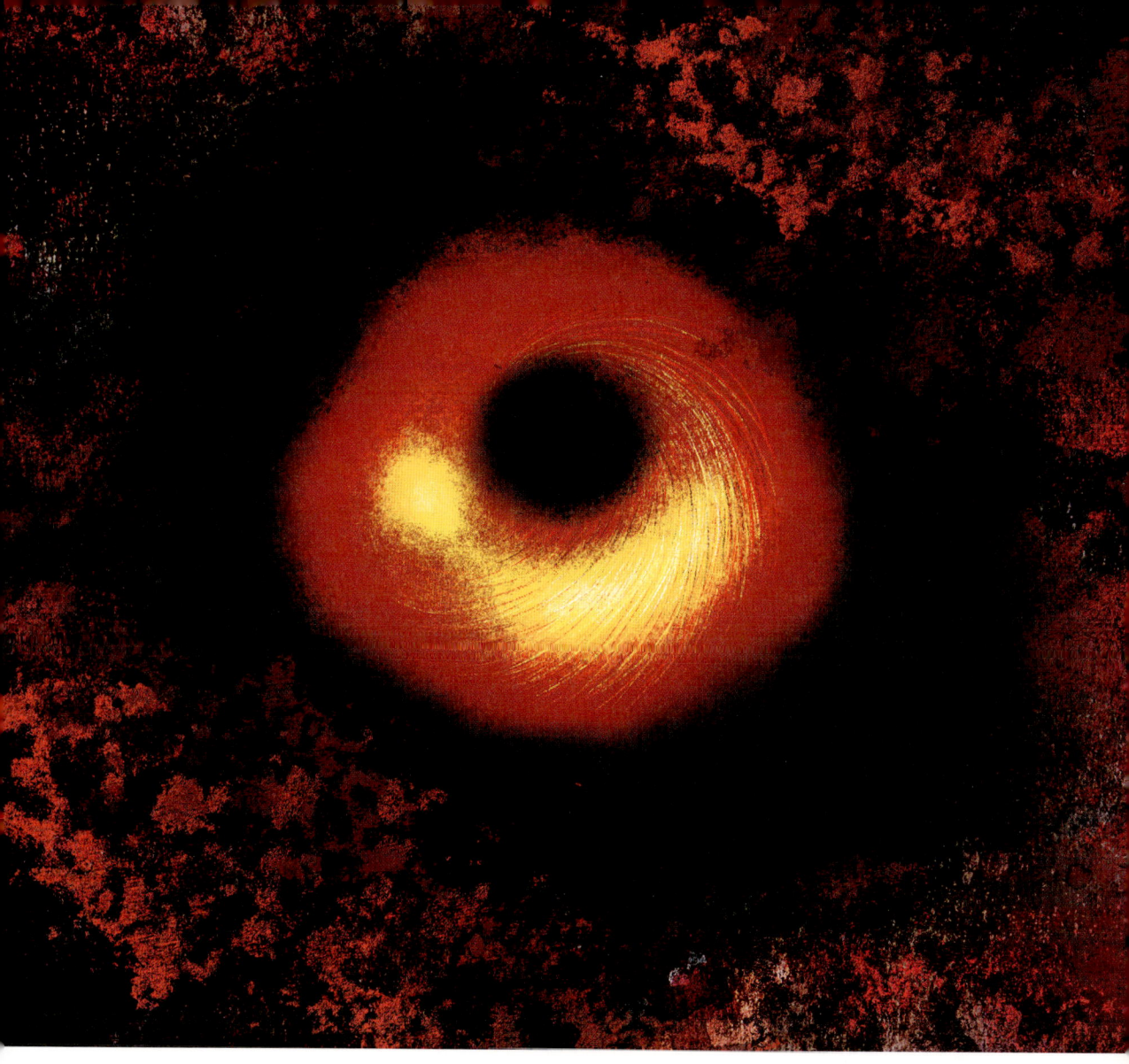

　지구의 경우 슈바르츠실트 반지름이 약 9밀리미터 정도라서 지구가 블랙홀이 되려면 지구가 손톱보다 작아질 때까지 수축해야 해요. 반면 태양의 슈바르츠실트 반지름은 약 3킬로미터 정도인데 태양의 반지름은 그보다 훨씬 더 큰 약 70만 킬로미터이기 때문에 슈바르츠실트 반지름이 태양의 표면 속으로 들어가 버린답니다. 그래서 태양은 블랙홀이 아니고, 앞으로도 영원히 그렇게 되지 않을 거예요!

　과학자들에 의하면 블랙홀은 질량이 매우 큰 별의 진화 마지막 단계에서 만들어진다고 해요. 태양보다 수십 배 더 큰 질량의 별이 죽으면서 폭발할 때 말이죠. 이러한 별이 더 이상 빛나지 않게 되면, 별 자체의 무게로 인해 슈바르츠실트 반지름보다 작아질 때까지 붕괴될 거예요. 이때 블랙홀이 만들어지는 거랍니다!

블랙홀에 대한 다섯 가지 의문

블랙홀은 우주에 있는 구멍일까요?

아니요, 이름은 '홀'이지만 진짜 구멍은 아니에요. 특이점을 중심으로 사건의 지평선을 형성해 암흑의 구체로 보이죠. 블랙홀의 표면을 **사건의 지평선**이라고 하는데, 빛도 빠져나올 수 없기 때문에 밖에서 보면 완전히 검은색입니다. 태양의 주위를 돌면 계속 밝은 원반 형태로 보이는 것처럼, 블랙홀도 주위를 돌면서 보면 완전히 검은 원반만 보인답니다.

블랙홀이 우주를 빨아들이나요?

절대 그렇지 않아요! 블랙홀은 **청소기가 아니랍니다!** 실제로 멀리 떨어져 있으면, 우주의 다른 물체들처럼 중력의 법칙을 따를 뿐이에요. 예를 들어 절대로 일어나지 않겠지만 태양이 어떤 이유 때문에 순식간에 블랙홀이 된다 해도 행성들은 이전과 전혀 다를 바 없이 계속 똑같은 궤도를 돌 거예요. 문제는 사건의 지평선에 너무 가까이 다가갈 경우에 시작되죠.

사건의 지평선에 가까이 다가가면 어떻게 될까요?

우리가 사건의 지평선과 어느 정도 거리를 두고 있으면 충분한 에너지를 이용할 수 있으므로 경로를 바꿔 돌아 나올 수 있어요. 하지만 여러분의 친구가 집에서 기다리고 있다면, 여러분이 돌아왔을 때 많이 늙어 있는 친구를 보게 될 거예요. 왜냐면 블랙홀의 중심에 다가갈수록 여러분의 시간은 그 친구의 시간보다 훨씬 느리게 흐르기 때문이죠.

블랙홀 안으로 들어가면 어떻게 될까요?

사건의 지평선 안에서 무슨 일이 일어나든 사건의 지평선 밖에서는 어떤 것도 알 수 없어요. 일단 사건의 지평선을 넘어 블랙홀 안으로 들어가면 무한정의 에너지를 사용한다 해도 다시는 돌아 나올 수 없을 거예요. 블랙홀의 중심으로 곤두박질칠 수밖에 없어요.

블랙홀 안에는 무엇이 있을까요?

그건 아직 아무도 몰라요! 상대성 이론에 의하면 블랙홀의 중심에는 시간이나 공간, 그 무엇도 존재하지 않는 끝없는 밀도의 점만 있어야 해요. 물리학자들은 이 점을 특이점이라고 하죠. 그러나 실제로 블랙홀 안에 무엇이 있는지 확인할 수 있는 적당한 물리학적 이론이 없기 때문에 지금은 무엇도 예측할 수 없어요. 유일한 방법은 누군가 블랙홀에 직접 들어가 보는 것인데, 그렇게 된다 해도 그 사람이 블랙홀에서 빠져나와 말해 줄 수는 없겠죠!

블랙홀은 존재합니다!

블랙홀이 말 그대로 검은색이라면 존재하는지 어떻게 알 수 있을까요? 블랙홀을 찾는 것이 어렵기는 하지만 우주의 다른 부분과 완전히 차단되어 있지는 않기 때문에 **존재의 흔적**을 남깁니다. 예를 들어, 물질이 사건의 지평선에 너무 가까이 다가가면 놀라운 속도로 회전하다가 블랙홀 안으로 떨어지는 경우가 많아요. 이렇게 미친 속도로 회전할 때, 물질은 엄청나게 뜨거워지고 우리 눈에 보일 정도로 **밝은 빛과 엄청난 양의 에너지**를 방출하죠.

이러한 현상 때문에 우리는 블랙홀이 존재한다는 것을 알았고, 최근에는 M87(Messier 87) 은하의 중심에서 태양보다 수십억 배 더 큰 질량의 블랙홀에서 고에너지 물질이 방출되고 있는 모습도 관찰했어요. 거의 모든 은하는 중심에 이러한 **초거대 질량 블랙홀**이 있어요. 우리 은하에도 하나 있답니다! 실제로 은하의 중심 주위를 도는 별들이 다른 설명이 불가능할 정도로 빠르게 회전하는 모습이 관찰되었는데요. 이것은 블랙홀이 있다는 명백한 증거예요!

인류가 촬영한 최초의 블랙홀 사진은 2019년 4월 이벤트 호라이즌 망원경(Event Horizon Telescope, 국제 과학 협력 프로젝트)으로 촬영됐고, M87 은하의 중심에 있는 블랙홀이에요.

은하계 스파게티!

어느 날 놀라운 일이 일어났어요. 과학자들이 초거대 질량 블랙홀에 의해 **조각난 별**을 발견한 거예요. 별이 사건의 지평선에 가까이 다가가면 블랙홀에 근접한 쪽과 아닌 쪽의 중력 차이가 심해지기 때문에 나중에는 얇고 긴 스파게티 모양이 될 수 있어요. 실제로 천체 물리학자들이 이것을 **스파게티화**된다고 하죠. 이리 당기고 저리 당기면서 별은 산산조각이 나고 이때 블랙홀 주변으로 섬광이 발생해요. 별의 질량 중 반은 블랙홀로 빨려 들어가고 나머지 절반은 잔해와 먼지 형태로 흩뿌려진답니다.

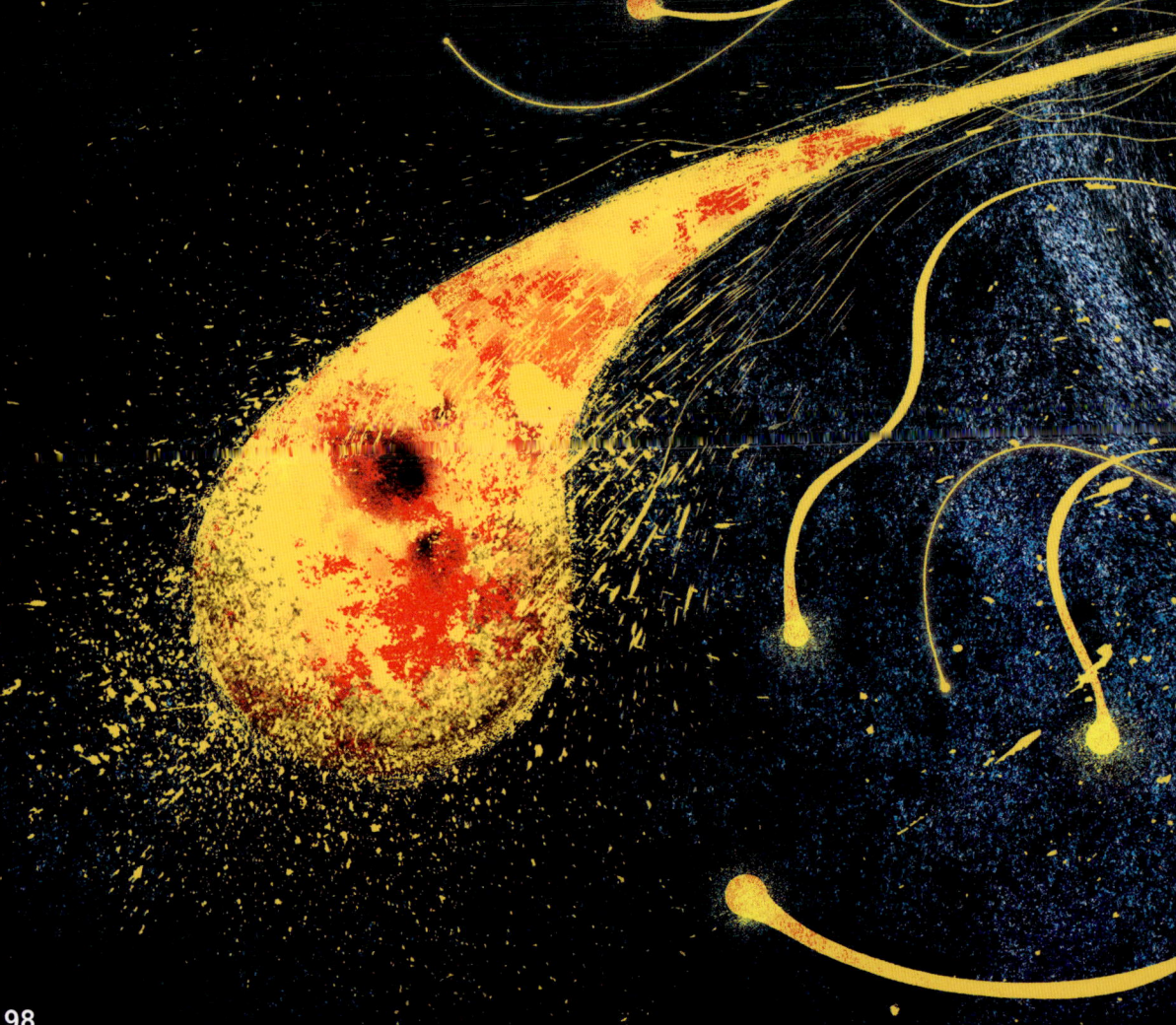

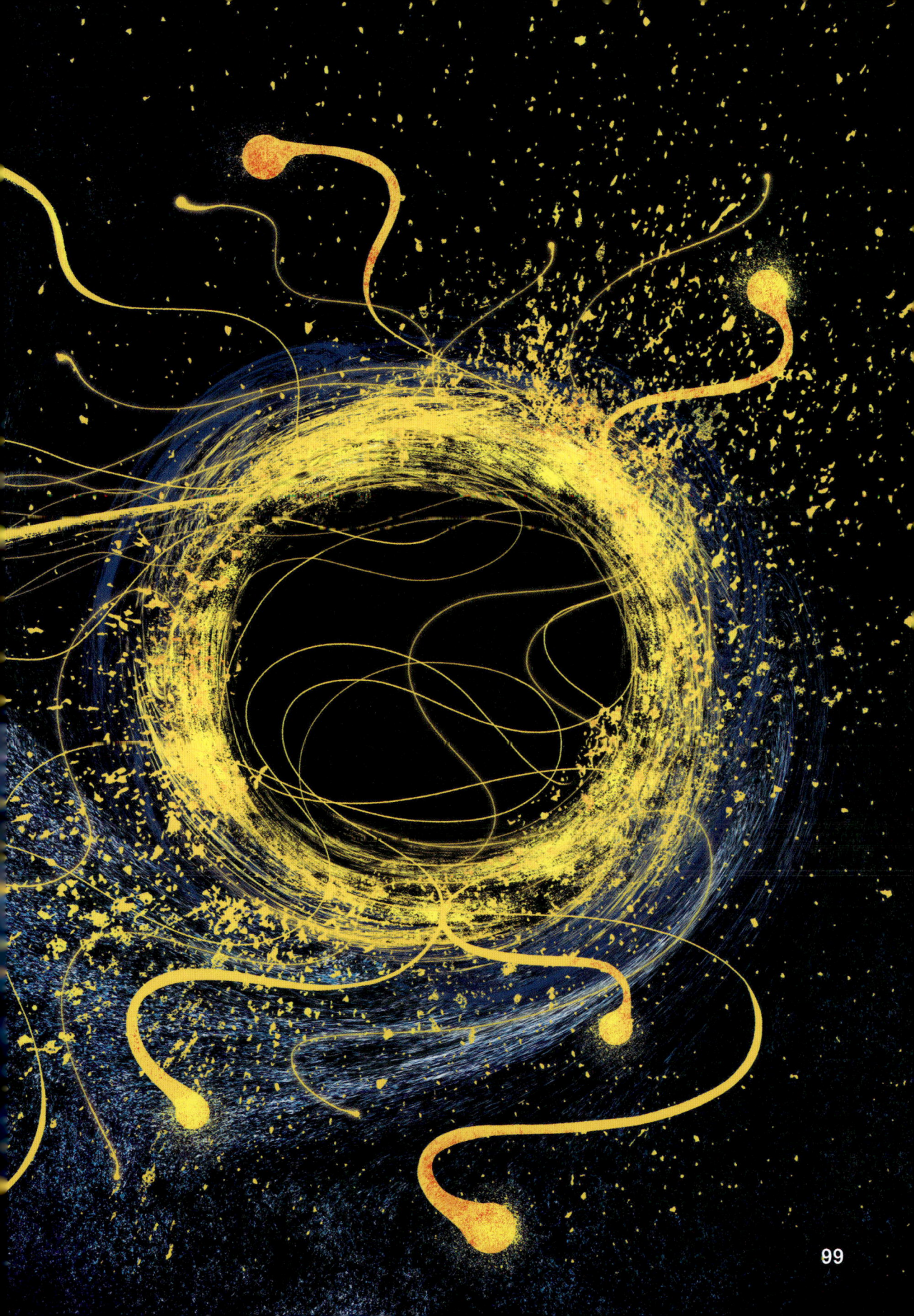

화이트홀

우리가 사는 세상은 서로 상반되는 것들로 이루어져 있고, 하나가 없으면 다른 것도 없어요. 우리에게는 열기와 냉기가 있고, 높은 것과 낮은 것, 크고 작은 것, 하얀 것과 검은 것이 있죠.

들어갈 수만 있고 나올 수는 없는 블랙홀이 있다면, 나올 수만 있고 들어갈 수는 없는 **화이트홀**도 존재할 수 있지 않을까요?

러시아의 천체 물리학자 이고르 노비코프(Igor Novikov)는 1965년 블랙홀의 반대 개념인, 모든 것을 토해 낼 수 있는 구멍을 화이트홀이라고 가정하고 그 존재를 이론화했어요. 블랙홀에 빨려들어간 물체가 화이트홀로 나올 수 있다는 것이죠. 그러나 블랙홀에 들어가면 산산조각이 날 수 있으니 그쪽으로 우주여행을 하는 건 피하는 게 좋겠죠!

블랙홀과 화이트홀을 연결하는 우주 시공간의 구멍을 웜홀(wormhole)이라고 해요. 즉 벌레 구멍이라는 것인데요. 벌레가 사과 표면이 아니라 파먹은 구멍으로 가면 더 빨리 갈 수 있다는 의미에서 나온 이름이에요. 일종의 시공간의 지름길로, 우주에서 멀리 떨어진 지점들을 연결하는 터널을 뜻해요. 수학적으로는 웜홀이 존재하지만 화이트홀과 마찬가지로 발견된 적은 없답니다.

중력파

여러분도 **수많은 종류의 파동**을 알고 있을 거예요. 파도를 예로 들 수 있는데, 이것은 물질에 전파되는 수많은 파동의 유형 중 하나일 뿐이죠. 음악과 목소리를 여러분의 귀에 전달하는 음파도 파도와 비슷한 방식으로 이동하지만 공기를 통과한다는 차이가 있어요. 그리고 진공 속에서 전파될 수 있는 파동도 있어요. 라디오나 TV, 휴대 전화 등을 통해 정보를 전달하는 데 사용되는 **전자기파**가 그런 것이죠. 그러나 가장 놀라운 파동은 중력파예요. **중력파**는 두 개의 블랙홀이 합쳐지거나 거대한 질량을 지닌 천체가 충돌할 때 중력이 우주 공간으로 물결처럼 퍼져

나가는 파동이에요. 질량을 가진 물체가 충돌하면서 합쳐지는 과정에서 줄어든 질량만큼 생기는 파동이 시공간을 휘면서 빛의 속도로 퍼져 나가는 현상이지요. 호수에 돌을 던지면 돌이 떨어진 주변으로 물결이 동그랗게 퍼져 나가는 것과 비슷하답니다. 중력파는 세기가 워낙 약해서 직접 관측하기가 불가능했어요. 아인슈타인이 중력파의 존재를 예측하고 100년이 지난 2015년에서야 관측하는 데 성공했답니다.

중력파를 관측하기 위해 물리학자들이 이용한 것은 **레이저 간섭계 원리**예요. 약 3천 킬로미터 떨어진 각 관측소에 거울을 설치하고 레이저를 두 방향으로 쏜 후 반사되어 돌아와 간섭된 빛의 경로를 분석해 시공간의 파동을 분석하는 거죠. 그 미세한 파동을 감지했다니 정말 놀랍지 않나요?

별의 춤

뉴턴은 한 천체가 다른 천체의 주위를 도는 궤도의 모양이 일정한 타원형이라고 했어요. 하지만 아인슈타인의 상대성 이론에 의하면, 궤도는 **장미꽃 같은 모양**을 그리듯 이동해야 했어요. 한 세기 전에 태양 주위를 도는 수성의 궤도를 관찰한 것이 그 증거인데요. 과학자들은 27년 동안 우리 은하 중심에서 초거대 질량 블랙홀을 돌고 있는 S2라는 별도 관찰해 왔어요. S2는 16년을 주기로, 아인슈타인의 예측처럼 장미꽃 같은 모양을 그리며 블랙홀을 돌고 있었지요. 정말 아름다워요.

별은 많아요

네, 별은 많죠. 그런데 얼마나 많을까요? 우리가 맨눈으로 볼 수 있는 별은 고작해야 몇 천 개 정도로 그다지 많지 않고, 환경 오염이나 다른 빛들 때문에 안타깝게도 도시에서 보이는 별은 더 적죠.

당연히 우주에는 우리가 보는 것보다 훨씬 더 별이 많아요. 우리 은하인 은하수에 있는 별만 해도 **수천억 개**나 돼요. 그런데 우주에는 수천억 개의 은하가 있죠. 잠깐 계산해 보면 우주에 있는 별의 총 수는 거의 **1천만 억 개**는 될 거예요!

천만 억이면 0이 대체 몇 개나 될까요?

엄청나게 큰 숫자라 어느 정도인지 감도 잡히지 않을 거예요. 그럼 이렇게 생각해 보세요. 우주에는 지구에 있는 모든 해변의 모래 알갱이보다 많은 별이 있어요! **그걸 어떻게 아느냐고요?** 누가 별을 하나하나 다 세어 보기라도 했냐고요? 별을 세어 본 사람도 없고, 우리가 모든 해변의 모든 모래 알갱이를 세어 본 것도 아니에요. 그러나 숟가락에 모래를 담아 한 숟가락에 올라가는 알갱이의 수를 세면, 모래 전체의 부피와 곱해 총 알갱이의 수를 어느 정도 정확히 알아낼 수 있죠. 별의 수도 같은 방법으로 추정할 수 있어요. 우주의 어느 작은 영역들을 관찰하면서 그 안에 있는 별의 수를 헤아린 후 우주 전체의 부피와 곱하면 된답니다!

우주에 얼마나 많은 별과 은하가 있는지 알아내는 데 도움이 된 특별한 이미지가 있어요. 1995년 12월 허블 우주 망원경은 지구에서 봤을 때는 아무것도 없는 듯 보이는 큰곰자리와 북두칠성 근처의 섬은 이늘을 될영했어요. 100м니 떨어진 거리에서 바라본 테니스공 크기 정도의 면적이었죠. 하지만 10일 동안 노출을 통해 얻은 이미지는 놀라웠어요.

퀴즈 17

세계 여러 나라의 국기에 가장 많이 등장하는 것은 무엇일까요?

1. 태양   2. 달   3. 별(태양 제외)

놀라운 우주의 이미지

허블 우주 망원경은 열흘 동안 그 작은 영역을 관찰했어요. 왜 그랬을까요? 찻잔에 빗물을 모은다고 생각해 보세요. 비가 아주 많이 오고 굵은 빗방울이 떨어지면 시간이 얼마 안 걸릴 것이고, 비가 약하게 내리면 한참 더 기다려야 할 겁니다. 망원경은 빛으로 이루어진 입자인 **광자를 모으는 찻잔**의 역할을 하는 거예요. 매우 밝은 광원은 짧은 시간 내에 다량의 광자를 보내므로 빠른 속도로 이미지가 형성되죠. 반면 광자가 별로 없다면 더 오래 기다려야 해요.

완전히 검은색이고 아주 작은 부분이지만 열흘 동안 참을성 있게 들여다보던 허블 우주 망원경은 이미지를 얻기에 충분한 광자를 수입했어요. 그렇다면 이 이미지에서 무엇이 보였을까요? 아무것도 없을 것이라고 생각했던 그 영역에 70억 년 전의 밝은 은하부터 120억 년 전의 것으로 보이는 희미한 빛까지, 보름달 지름의 30분의 1도 안 되는 좁은 하늘에서 3000개가 넘는 은하가 찍혔답니다.

어디에나 있는 행성!

별이 그렇게 많다면 과연 행성은 얼마나 있을까요? 불과 몇 년 전까지도 우리는 태양계 밖의 행성은 단 하나도 알지 못했어요.

행성을 관측하는 일은 별처럼 쉽지 않아요. **행성은 작고 빛도 약하기 때문**이에요. 등대 주위를 돌아다니는 모기 같다고 할 수 있죠. 그렇다면 어떻게 행성을 관찰할 수 있을까요?

몇 세기 전까지만 해도 **태양계에서 아주 먼 천체는 발견하기 어려웠어요.** 예를 들어 천왕성은 1690년에 발견됐는데 갈릴레오도 천왕성의 존재를 전혀 알지 못했어요. 해왕성은 1846년에 발견됐고 지금은 외행성으로 분류된 명왕성은 1930년에 발견됐죠. 매우 정밀하고 감도 높은 장비가 없으면 외계 행성을 찾는 일은 불가능하다고 볼 수 있어요.

여기서 필요한 것은 고도의 첨단 기술과 엄청난 상상력일 거예요.

> **외계 행성**의 존재를 처음으로 가정한 과학자는 아이작 뉴턴이에요. 하지만 당시의 과학 기술로는 외계 행성의 존재를 절대 증명할 수 없었어요.

상상의 행성

공상 과학 소설이나 공상 과학 영화의 줄거리를 풍부하게 만드는 상상 속의 행성은 수백 개가 넘을 거예요.

예를 들어 슈퍼맨이 태어난 유명한 크립톤 행성은 라오라는 별의 주위를 회전하고 두 개의 위성을 갖고 있어요.

잔니 로다리(Gianni Rodari)의 동화에 등장하는 크리스마스트리 혹성도 빠트릴 수 없죠. 이 행성에서는 은방울꽃 향기가 나고 언제나 성탄절이죠. 이 행성에서 지구 어린이 마르코가 소년 마르쿠스를 만나고요.

그리고 1960년대 영국의 TV 시리즈 「닥터 후(Doctor Who)」의 고향 행성으로 캐스터보로우스 별자리에 있는 갈리프레이가 있죠. 이 행성은 우리 은하 밖으로 아주 멀리 떨어진 2억 5천만 광년 거리에 있어요.

발칸은 「스타 트렉(Star Trek)」 시리즈에서 스포크 박사와 발칸 사람들이 온 행성이에요. 이 행성은 실제로 존재하고 지구에서 16광년 거리에 있는 에리다누스자리 40A 별 주위를 공전하는 것 같아요.

영화 「버즈 라이트이어」에서 버즈 라이트이어와 과학자들은 인류 구원에 필요한 자원이 있을 거라고 추정되는 미지의 행성을 향해 떠나요. 하지만 삭막하고 거대한 외계 생물만이 살고 있는 폐허의 땅이었죠.

그리고 영화 「아바타(Avatar)」의 배경이 된 판도라 행성도 있는데 여기에는 파란색 나비족이 살고 있죠.

이 밖에도 엄청나게 많은 상상 속 행성이 있답니다.
여러분이 상상하는 외계 행성의 모습은 어떠한가요?

방법의 문제

적절한 방법이 있으면 외계 행성을 찾는 일이 그렇게 어렵지는 않아요. 기본적인 방법은 두 가지인데, 두 방법 모두 행성보다는 찾기 수월한 별을 봐야 하죠.

첫 번째는 **시선 속도**를 이용해 별의 이동을 관찰하는 방식인데요. 지구를 포함한 모든 행성은 별의 중력에 이끌리지만 반대로 별도 행성의 중력에 이끌려요. 그래서 아주 미약하게라도 행성의 존재가 별을 흔들리게 만들죠. 좋은 망원경은 이러한 움직임을 포착해 행성을 구분할 수 있어요. 물론 이것은 상상하기도 어려울 정도로 미세한 측정이에요.

두 번째는 **통과 측광법**으로 시간이 지남에 따라 변화하는 별빛을 관찰하는 방법이에요. 일정한 양의 빛을 방출하는 전구에 불이 켜져 있다고 생각해 보세요. 전구 앞에 물체를 놓으면 해변에서 파라솔을 놓았을 때처럼 빛이 가려질 기예요. 그렇다면 이번에는 항구에 있는 등대처럼 아주 큰 전구를 떠올려 보세요. 그 앞에 모기 한 마리가 파닥이고 있어요. 분명 이 상황에서 큰 변화는 없지만, 아주 예민한 망원경은 빛이 아주 정말 미세하게 감소했다는 것을 발견한답니다. 통과 측광법은 이렇게 행성이 별 앞을 지나갈 때 빛의 차이를 감지하는 방법이에요.

간단히 말하면, 이러한 방법들을 이용해 최근 몇 년 동안 **태양과 가장 가까운 별들 근처에서 4천 개 이상의 행성**을 발견했어요. 지금도 새로운 행성의 수는 점점 더 늘어나고 있고요. 이런 식으로 우리는 놀라운 사실을 알게 됐어요. 우주의 거의 모든 별이 자신의 주위를 도는 행성을 적어도 하나씩은 갖고 있다는 거예요!

퀴즈 18

밤에 맨눈으로 하늘을 보면 별과 행성이 똑같아 보이는데요. 별과 행성이 상당히 다르다는 것을 알아낸 사람은 누구일까요?

1. 갈릴레오 갈릴레이
2. 바빌로니아의 천문학자들
3. 아르키메데스

원시 수프

아직까지 우리가 완벽한 답을 찾지 못한 중요한 의문 중 하나는 **지구의 생명체는 어떻게 시작되었을까** 하는 것이에요.

생명체는 몇 가지 기본적인 요소, 즉 에너지를 비롯해 탄소와 수소, 산소, 그리고 액체 상태의 물을 기본으로 한 복합적인 분자가 필요해요. 생명체가 만들어지는 정확한 제조법은 몰라도 지구와 비슷한 조건을 가진 행성에서 생명체가 자라나고 유지될 수 있다는 건 생각해 볼 수 있죠. 천체 물리학자들은 어떤 은하 안에서 생명이 발달할 가능성이 높은 영역을 **거주 가능 영역**이라고 말해요. 어느 행성이 별 주위의 거주 가능 영역 내에서 궤도를 그리는 경우, 너무 뜨겁지도 너무 차갑지도 않고 액체 상태의 물도 있으며 생명체가 출현하기에 적합한 조건을 갖추고 있을 수 있어요. 그러나 가능하다는 것이지 확실히 그렇다는 것은 아니에요! 천체 물리학자들은 생명체가 실제로 존재할 수 있는 곳을 찾기를 바라며 별의 거주 가능 영역 내에 있는 수많은 행성들을 연구하고 있어요.

다양한 생명 물질 분자로 이루어진 **원시 수프**에서 최초의 생명체가 출발했을 거라고 하는데 아직은 가설일 뿐, 많은 부분이 의문으로 남아 있어요.

우주에서 온 생명

혜성은 태양과 태양계의 행성들이 형성될 당시에 남겨진 원시 물질들을 포함하고 있는 타임캡슐이라고 할 수 있어요. 혜성과 관련된 가스와 먼지, 핵과 유기 물질의 구조를 연구함으로써 지구 물의 기원, 그리고 생명의 기원에까지 답을 줄 수 있을지도 모르죠. 2014년 유럽 우주국의 탐사선 로제타호가 추류모프-게라시멘코(Churyumov-Gerasimenko)라는 **혜성에 내려앉았어요**.

로제타호에서 전송된 데이터를 분석하던 과학자들은 핵 안에 남아 있는 유기 물질과 탄소, 산소의 흔적을 발견했어요. **생명체에 필요한 모든 것**이 있었던 거에요. 과학자들이 기쁨이 매우 흥미로운데, 오래전 지구에 혜성이 충돌하면서 물과 얼음뿐 아니라 유기 물질이 공급되었을 수도 있다는 내용이에요. 어쩌면 지구에서 처음 탄생한 생명체는 혜성이 가지고 온 유기 물질에서 시작된 것일 수도 있죠.

퀴즈 19

이탈리아의 화가 지오토는 이탈리아 파도바의 스크로베니 예배당의 <동방 박사의 경배>에 멋진 혜성을 그렸는데요. 이 혜성은 어떤 혜성일까요?

1. 헤일밥 혜성   2. 히야쿠타케 위성
3. 핼리 혜성

우주에 생명체가 있나요?

지구에도 있으니 우주 어딘가에도 당연히 생명체가 있을 거예요! 그러나 현재로서는 우리 태양계의 다른 곳에 생명체가 있을 가능성은 별로 없어요. 지구와 가장 비슷해 보이는 행성인 화성은 사실 온도가 매우 낮고 유해한 방사선이 있으며 대기도 거의 없어요. **사막 같아서 살기에 매우 불리한 곳**이에요. 반대로 금성은 압력솥 안처럼 매우 뜨겁고 숨이 막히는 곳이에요. 우리와 가장 가까운 이 두 행성에서 이론적으로 생존할 수 있는 것은 초저항성 미생물뿐이에요. **목성과 토성을 도는 위성 일부의 얼음 표면 아래**에 있는 물속에 미생물이 있을 수 있어요. 과학자들은 태양계에 실제로 미세한 생명체가 있는지 알아내려 하고 있고 아마 몇 년 안에 그 대답을 알 수 있을 거예요.

그러나 태양계 밖으로 나가면 이야기가 더 재미있어지죠. 과학자들은 생명체에게 적합한 조건을 갖춘 다른 행성이 있다고 생각해요. 앞으로 망원경을 이용해 이러한 행성들을 주의 깊게 연구해 정말 생명체가 있는지 알아내고 그 행성들의 대기에 식물과 동물에서 생성될 수 있는 **산소와 메탄과 같은 가스**가 있는지 살펴볼 거예요. 그러다 보면 언젠가 다른 문명의 라디오 방송을 들을 수 있을지도 몰라요!

> 지구 행성 외에 다른 곳에도 생명체가 있는지 궁금해하는 사람들에게 천문학자이자 공상 과학 작가인 칼 세이건(Carl Sagan)은 언제나 우주는 매우 방대한 곳이고, 그 안에 우리만 있다면 엄청난 공간 낭비라고 대답했어요.

화성인을 상상해 보세요

2500년 전 고대 그리스에 살던 철학자 아낙사고라스(Anaxagoras)는 우주 어딘가에 살아 있는 생명체의 존재에 대해 처음으로 가정한 사람이에요. 당시 신성하게 여겨지던 태양을 단순한 금속 덩어리일 뿐이라고 정의해 많은 반감을 샀죠.

아낙사고라스 이후, 하늘 위 세상까지 모험으로 가득한 여행을 이야기하는 상상력 풍부한 사상가들이 적지 않았어요. 시리아 사모사타의 성인 루치아노(Luciano di Samosata)도 있었고, 위대한 시인 단테(Dante)도 수성과 토성까지 운율을 맞추려 했어요.

그리고 외계인을 찾으러 가는 것이 아니라 조용히 지구로 데려온 사람도 있어요. 뭐 아주 조용했다고는 할 수 없지만요. 1938년 10월 30일이었는데, 핼러윈 전날이었던 것은 우연이 아닐지도 몰라요. 배우이자 감독인 23세의 미국인 올슨 웰스(Orson Welles)가 당시 라디오 방송에서 유명 소설들의 내용을 소개하고 있었어요. 그날은 허버트 조지 웰스(Herbert George Wells)의 공상 과학 소설 『우주 전쟁』을 방송했는데, 너무 현실적으로 소개해 실제로 외계인이 침공한 것이라 생각한 나머지 거리로 뛰쳐나온 청취자가 적지 않았다고 해요.

태양

태양이 없으면 지구에 생명체가 존재할 수 없다는 것은 의심할 여지가 없어요. 정확히 말하면 지구라는 행성 자체가 없었을 거예요! 그러면 당연히 우리도 없을 것이고, 이런 책을 쓸 수 있는 사람도 없었겠죠.

지구가 태양의 주위를 돌고 달이 지구의 주위를 도는 것처럼 태양은 26,000광년 떨어진 우리 은하수의 중심 주위를 도는데, 이처럼 태양이 우리 은하계를 공전하는 데 걸리는 시간을 **은하년**이라 부르고 이 은하년은 태양년으로 약 2억 3천5백만 년 정도 됩니다. 태양이 존재한 이래로 이 공전을 20회 했으므로, 태양년으로는 45억 년 전에 태양이 탄생했지만 은하년으로 보면 20세밖에 되지 않은 거예요.

지구에서 최초의 생명체 형태가 나타난 것은 태양이 은하계를 다섯 번째 돌았을 무렵이었고, 인류는 태양이 가장 최근의 공전을 막 시작했을 때 출현했어요.

태양은 자신의 궤도를 따라 **초당 2백 킬로미터 이상**이나 되는 속도로 이동하고 있지만, 빛의 속도보다는 1,500배 느립니다. 지구는 24시간, 달은 29일 동안 자전하는 것처럼, 태양도 약 27일 동안 자체의 축을 중심으로 자전해요. 지구처럼 얼어붙어 있지는 않지만 태양에도 북극과 남극이 있고, 태양 표면의 평균 온도는 약 5,800켈빈 정도랍니다!

라틴어에서 태양은 남성형 명사, 달은 여성형 명사로 보는데 누가 이렇게 정했는지 모르지만 서로 성별이 달라서 훨씬 좋은 것 같아요. 독일에서도 태양과 달의 성별이 다르다고 생각하지만, 달(der Mond)이 남성, 태양(die Sonne)이 여성이라고 정했죠.

퀴즈 20

일식이 있을 때 어떤 일이 일어날까요?

1. 태양이 지구와 달 사이에 있다
2. 달이 지구와 태양 사이에 있다
3. 지구가 태양과 달 사이에 있다

태양에 대한 세 가지 의문

태양은 언제, 어떻게 꺼질까요?
약 50억 년 안에, 태양은 연소할 수소가 부족해지고 급속도로 커져 **적색 거성**이 되어 수성과 금성, 그리고 아마 지구까지 집어삼킬 크기가 될 거예요. 이 단계는 약 10억 년 정도 지속되지만, 결국 태양을 구성하고 있던 거의 모든 물질이 방출되어 행성상 성운이 될 것이고요. 이 **행성상 성운**의 중심에는 **백색 왜성**이라고 하는 작고 밀도가 높은 항성만 남을 거예요.

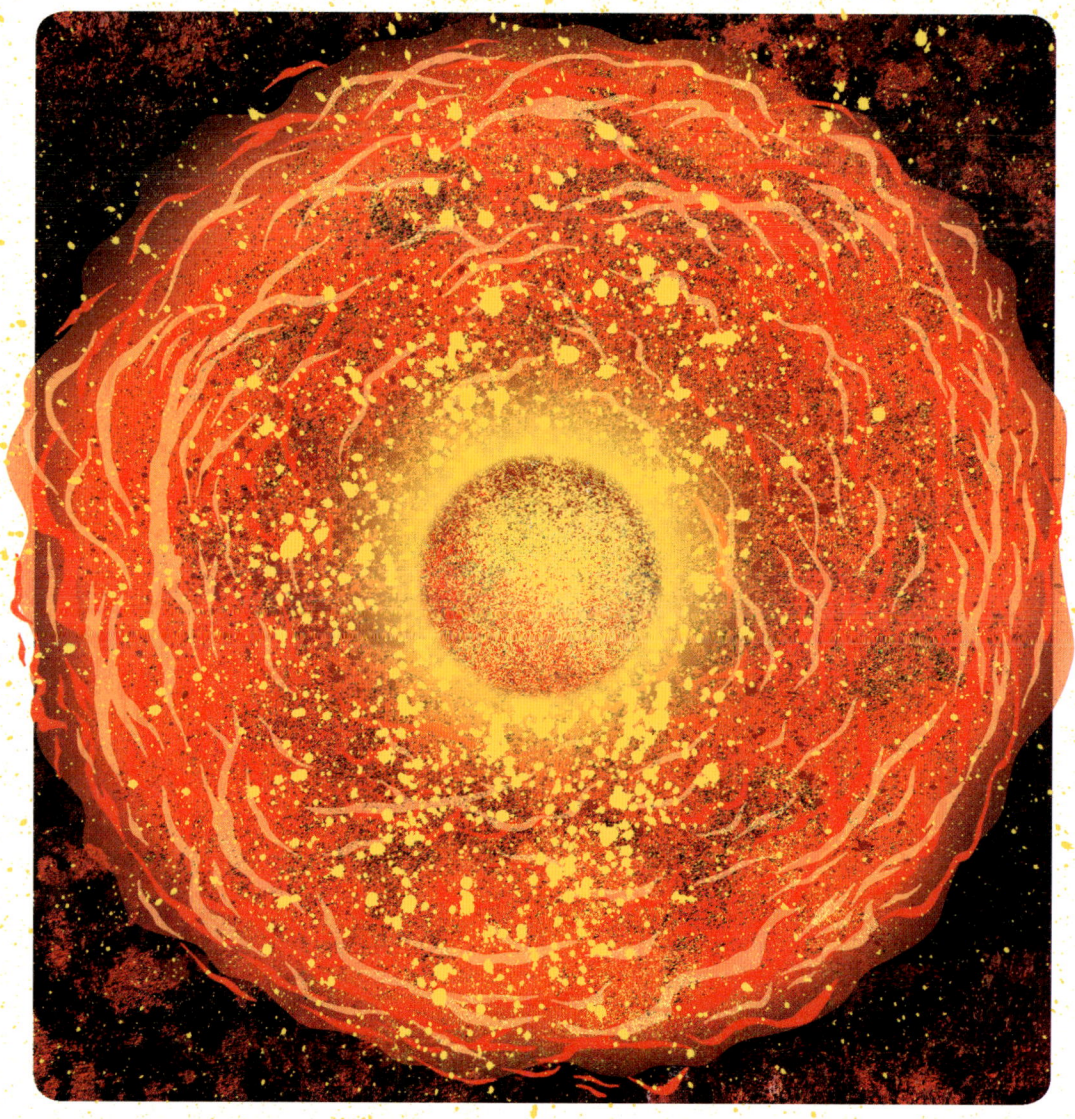

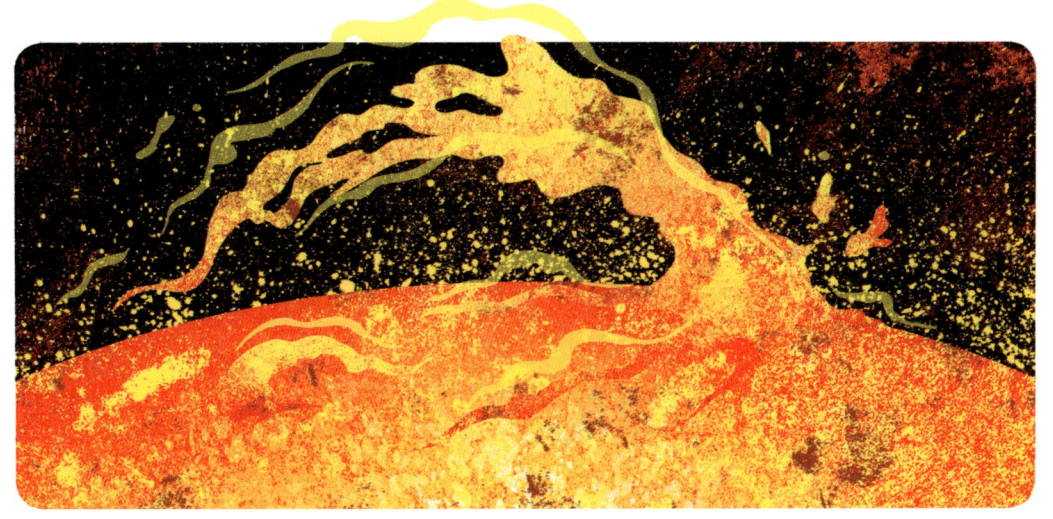

태양에 산소가 없는데 태양은 어떻게 타오르나요?

태양은 둥근 불덩어리가 아니에요. 그러니까 산소는 아무 상관없죠! 태양은 물리학자들이 플라스마(plasma)라고 부르는 전하를 띠는 입자(태양의 경우 특히 양성자와 전자)로 구성된 가스로 이루어져 있어요. 여러분도 네온사인을 본 적이 있죠? 그 네온 전등 안에 있는 것이 바로 백열 플라스마예요! 태양 중심부에서 에너지를 생산하는 핵반응이 일어나 플라스마가 열기로 가득 차 빛을 발한답니다.

왜 하필 태양이 지구를 비출까요?

별다른 이유는 없어요. 우주에 있는 수많은 다른 별에도 지구처럼 거주 가능한 행성이 있을 테니까요. **세상에는 가끔 우연히 일어나는 일들이 있어요!**

오 솔레 미오

달에게 바친 노래들이 참 많죠. 달만큼은 아니겠지만 태양에 바치는 노래도 적지는 않아요. 그중 손꼽히는 아주 유명한 이 곡은 이탈리아, 특히 나폴리의 상징이 되었어요.

「O Sole mio」의 가사를 쓴 사람은 나폴리의 시인 조반니 카푸로(Giovanni Capurro)예요. '오 나의 태양, 그대 얼굴 앞에 뜬(O Sole mio, sta in fronte a te)'이라는 부분이 흥미로운데, **음악 경연**에 참가해 우승을 해서 연봉을 조금 올려 보려는 생각으로 쓴 구절이랍니다. 그러나 아직 곡이 없는 상태여서 카푸로는 나폴리의 작곡가인 에두아르도 디 카푸아(Eduardo di Capua)에게 부탁했지만 카푸아는 당시 나폴리에 없었어요. 우크라이나의 오데사에 있었죠.

저 멀리 우크라이나의 흑해 근처에서 나폴리의 태양을 생각했다니 놀랍죠. 하지만 '오 솔레 미오'는 경연에서 우승하지 못하고 영예로운 2위로 만족해야 했답니다. 당시의 경연에서 우승한 곡은 한 소절도 기억이 나지 않는데 말이죠.

하루의 길이

달력과 시계로 표시되는 시간이 천문학적이라는 것은 여러분도 알고 있을 거예요. 태양력은 지구가 태양의 주위를 한 바퀴 도는 데 걸리는 시간이죠. 우리가 보기에는 태양이 새벽부터 그다음 새벽까지 우리 주위를 도는 것 같지만 실제로 하루 동안의 시간은 지구가 한 번 자전하는 시간이에요.

하루가 24시간, 1분이 60초, 1년이 365일이라는 건 누구나 알죠. 그러나 항상 똑같은 상태인 것은 아니에요. 천체들 간의 거리가 변화하고, 그와 함께 회전 시간도 달라지기 때문에 하루의 길이와 자전 시간, 그리고 한 해의 길이도 조금씩 달라지죠. 1년 동안 달은 지구에서 3킬로미터보다 조금 더 멀어지고, 지구는 태양에서 1.5센티미터 멀어집니다. 인간과 같은 생명체는 인지할 수 없을 정도의 차이지만, 시간이 흐르면 센티미터가 킬로미터가 되고 중요한 문제가 되겠죠.

예를 들어 7천만 년 전에는 하루의 길이가 조금 더 짧았고 1년이 10일 정도 더 짧았어요. 지금 시계로는 시간이 맞지 않았겠네요!

지구로 내려온 우주

우주에서 우주로 왔다 갔다 하기가 복잡하다면 지구를 돌아다녀 보면 어떨까요? 지구에서도 여러분은 아름답고 흥미로운 곳을 만날 수 있어요. 지구에도 매우 은하계 같은 장소들이 많답니다!

스톤헨지(Stonehenge)

영국 윌트셔주의 솔즈베리 부근에는 스톤헨지라는 유명한 **신석기 유적지**가 있어요. 종교적인 장소이자 태양과 달을 관측했던 아주 오래된 천문대로 추측하고 있어요.

피사의 사탑

전설에 의하면 갈릴레오 갈릴레이가 이 기울어진 탑 꼭대기에 올라가 **서로 다른 무게의 물체** 두 개를 떨어뜨려 동일한 속도로 낙하한다는 것을 증명하고 아리스토텔레스의 이론에 반박했다고 하죠. 전설이든 아니든, 이 이론은 옳았고 피사의 사탑은 꼭 한 번 가 봐야 할 신기한 곳이에요.

케이프 커내버럴

나사(NASA)에서 우주 로켓을 발사할 기지를 건설할 때 플로리다를 선택했고 케이프 커내버럴이 우주 로켓 기지가 되었어요. 1968년 달에 최초로 착륙했던 유인 우주선 아폴로 7호 등 많은 우주선이 이곳에 발사되었답니다. 2022년 한국항공우주연구원이 개발한 대한민국 최초의 달 궤도 탐사선인 다누리도 이곳에서 쏘아 올렸어요.

세로 파라날(Cerro Paranal)

칠레의 안데스산맥, 아타카마 사막에 있는 해발 2,600미터의 세로 파라날 산에 파라날 천문대가 있고 초거대 망원경이 있어요. 도시와 멀리 떨어져 있고 **기후가 매우 건조**해서 상상이 안 될 정도로 맑은 하늘의 모습을 볼 수 있기 때문이에요.

바이코누르

카자흐스탄에 있는 도시, 바이코누르는 우주 비행장이 있어 유명해요. 여기시 1961년 4월 12일 아침 우주 비행사 **유리 가가린**(Yuri Gagarin)이 우주선 보스토크(Vostok)를 타고 이륙해 지구를 한 바퀴 도는 데 성공한 최초의 인간이 됐죠.

우라니보르그

덴마크의 천문학자 티코 브라헤(Tycho Brahe)는 덴마크 국왕의 지원을 받아 천문대 우라니보르그를 건설했어요. 우라니보르그는 그리스신화에서 천문을 관장하는 여신인 우라니아의 성이라는 뜻이랍니다. 브라헤는 이곳에서 우수한 시력을 바탕으로 정밀한 측정 기록을 남겼고 독일의 천문학자 요하네스 케플러는 그 자료를 넘겨받아 해석하고 발전시켜 케플러의 법칙을 발견해 냈답니다.

우주 극장으로

우주 여행을 하려면 지금 당장은 어려워요. 우주 모험을 좀 더 빨리 경험하고 싶다면 재미있는 책이나 영화에서 볼 수 있어요. 설마 그래서 사람들이 인기 많은 배우를 영어로 Star라고 부르는 것은 아니겠죠?

빌 브라이슨의 『거의 모든 것의 역사』

빅뱅에서 인류 문명의 출현에 이르기까지 유명한 과학자들, 화학과 인류학, 고생물학을 비롯해 세상의 거의 모든 것을 이해할 수 있는 책이에요. 과학을 다룬 교양서이지만 결코 지루하지 않아요. **거의 소설처럼** 읽히고 이해하기 쉽게 설명하고 있답니다.

인터스텔라

여러분의 감상을 망치지 않으려면 긴말할 필요 없고, 우주 비행사들이 지구가 더 이상 살 수 없을 정도로 황폐해지자 인간이 살 수 있는 새로운 행성을 찾아 **시공간의 웜홀**을 건넌다는 것만 알려 드리죠.

마션
화성에 혼자 남겨진 우주 비행사가 생존하며 지구로 돌아갈 방법을 찾는 내용의 영화예요.

2001 스페이스 오디세이
아서 C. 클라크의 소설 『2001 스페이스 오디세이』를 영화로 만든 작품이에요. **인간이 아직 달에 가기 전에 만들어진 60년대 작품**으로, 공상 과학 영화를 논할 때 빠지지 않고 거론되는 영화입니다. 소설과 영화 모두 걸작으로 인정받고 있어요.

콘택트
여러분이 외계인에 관심이 있다면 이 영화가 딱 여러분의 영화예요. 다른 말은 하지 않을게요. 이 영화의 감독이 이전에 「백 투 더 퓨처」 시리즈도 만들었으니 어느 오후에 시간이 나면 그 영화도 한 번 보세요. 3편까지 다 봐도 좋을 거예요.

세상에 종말이 올까요?

　세상 모든 것이 어떻게 시작됐는지도 궁금하지만, 과학자는 물론 보통 사람들도 세상이 어떻게 끝날지, 특히 언제 끝날지를 궁금해 합니다. 세계와 인류가 어떻게 끝날지에 대한 종교적인 견해를 **종말론**이라고 해요. 인류의 역사에서 종말론은 무수히 많지만 그 누구도 확실한 추측을 내놓지 못할 거예요.
　성경의 **요한 계시록**에 세상과 시간의 종말에 대한 이야기가 나오는데요.
　종말에 대한 생각은 크고 작은 모든 문화에서 찾아볼 수 있어요. 왜냐하면 세상이 어떻게 끝날지에 대한 의문은 인간의 호기심에 내재되어 있기 때문이죠. 세상에 종말이 온다고 했던 1836년 6월 18일이고, 정확한 시간까지는 모르는 것은 종말이 일어나지 않았기 때문이에요. 누군가 자신이 내키는 시간에 세상을 끝낼 수 있는 것은 아니잖아요? 나라마다 시간도 다르고요. **예언자 노스트라다무스**에

의하면 세상의 종말은 숫자만 봐도 매우 의미심장한 1999년으로 예정되어 있었지만 아무 일도 없었어요.

세상의 종말이 재미있게도 2008년 9월 10일 7시 6분 5초 0.4밀리세컨드에 일어났어야 한다는 설도 있었어요. 서양식 날짜 읽기로 월이 아닌 일부터 숫자만 읽어보면 10, 9, 8, 7, 6, 5 순으로 숫자가 거꾸로 내려오는 것 같지 않나요? 하지만 0이 되던 순간에 그다지 큰일은 일어나지 않았어요.

가장 최근의 세계 종말론은 **마야족의 예언**에서 나온 2012년 12월 21일이었지만

이때도 별일 없었고요. 그다음 종말은 2060년으로 예정돼 있는데 요한 계시록의 1260일을 연도로 바꾸고 샤를 마뉴 대관식 연도인 800년을 더한 이상한 계산법에서 나온 연도예요. 뭐, 어떻게 되나 두고 봅시다.

세상의 끝

먼 미래에나 일어날 일이라 굳이 걱정할 필요는 없지만, 세상이 끝날 수 있는 방법이 몇 가지 있어요.

예를 들면, 지구가 **아주 심각한 손상을 받을 정도로 거대한 소행성과 충돌**할 수 있어요. 6,500만 년 전에도 비슷한 충돌로 공룡을 포함한 지구상의 거의 모든 생명체를 멸종에 빠트렸죠. 하지만 이런 사건은 아주 드물고, 지구를 완전히 파괴하기도 어려워요. 지구가 사라진다면 태양이 태양계의 가장 안쪽에 있는 행성들을 집어삼키고 모든 것을 아주 뜨겁게 달구는 거대한 별인 적색 거성이 되기 때문이에요. 그리고 이러한 일은 **몇 십억 년 후에나** 일어날 수 있어요.

태양이 백색 왜성이라고 하는 차갑고 작은 별이 돼도 지구는 더 이상 존재하지 못할 테고요. 상황을 좀 더 광범위하게 보면, 우주는 **영원히 확장**을 계속할 가능성이 높아요. 지금 존재하는 모든 별이 하나씩 꺼지고, 더 이상 새로운 별이 탄생하지 않게 될 수도 있고요. 일부는 1만 억 년 동안 계속 빛날 수 있지만, 결국 우주는 공허와 암흑만 남을지도요. 지금이 훨씬 살기 좋은 것 맞죠?

미래는 이미 와 있어요

　우주를 관측하고 연구하기 위해 나사에서 만든 발명품들이 우리 일상생활에서 널리 쓰이고 있는 경우가 있어요. 어떤 것들인지 살펴볼까요?

　예를 들어 **선글라스와 성에가 끼지 않는 특수 스키 안경**은 항공 우주 기술에서 나온 거예요. 병원에서 수많은 생명을 구하는 데 도움을 주는 CT, MRI 등 의료용 영상 진단 장치도 우주를 위해 연구된 장치를 의료용으로 개발한 것이고요. **에어 쿠션이 들어간 운동화의 밑창**은 우주인의 관절을 염려해 개발된 거예요. 정수기, 연기 감지기도 나사의 기술에서 비롯되어 만들어진 것이죠. 적외선 체온계와 치아용 투명 레진 장비도 우주 장비를 만들면서 상용화된 거예요. 여러분 침대의 매트리스나 베개에 쓰이는 메모리 폼도 우주 기술에서 왔어요. 여러분은 생각도 못하겠지만, 우리도 우주인과 같은 생활을 하고 있는 셈이랍니다.

　우주에 가기 위해 연구했던 많은 기술들로 우리는 더 편리한 생활을 할 수 있게 되었어요. 우주 기술이 널리 사용되면서 나사가 벌어들인 돈이 1969년 인간이 달에 가기 위해 **사용한 비용의 두 배**가 넘는다고 해요. 기술의 가치가 어마어마하죠?

앞으로의 미래

우주에 대해 이 책에서 많은 답을 찾았겠지만, 아직 궁금한 게 아주 많을 거라고 생각해요. 아니, 이 책이 여러분에게 새로운 호기심과 새로운 생각을 하게 만들었기를 바라요. 과학은 늘 새로운 연구를 멈추지 않고, 일단 해결된 문제도 곧바로 다른 문제로 연결되니까요.

우리가 어떤 문제의 답을 찾았을 때 이제까지 생각해 보지 못한 또 다른 의문

이 생길 때가 많아요. **중요한 것은 언제나 호기심을 갖는 거예요**.

우주에는 우리가 파헤쳐야 할 것들이 아직 수없이 많고 아직 모르는 것도 많아요. 암흑 물질이 어떤 것인지, 지구 밖에 생명체가 있는지, 빅뱅 이전에는 무엇이 있었는지, 블랙홀 안에는 무엇이 있는지 등의 수많은 의문이 남아 있어요. 과학자들은 끊임없이 이런 의문에 대한 답을 찾고 있고, 어쩌면 몇 년 후에는 여러분이 답을 찾을 수도 있어요!

분명 **해결되기를 기다리는 의문들이 아직 저 하늘의 별처럼 많을 거예요**. 여러분은 무엇이 궁금한가요?

퀴즈 정답

퀴즈 1 - 답 2
지구에서 3백만 광년 정도 떨어져 있는, 우리 은하에서 가장 가까운 은하는 안드로메다은하예요. 안드로메다은하는 우리 은하로 접근하고 있어 40억 년 후에는 두 은하가 합쳐질 것으로 보이며 그러면 하나의 거대한 나선 은하를 이룰 거예요.

퀴즈 2 - 답 1
피타고라스 정리의 주인공인 피타고라스가 금성이 저녁 하늘에서 가장 먼저 빛나고 아침에 가장 늦게 사라지는 별이라는 것을 알아냈어요.

퀴즈 3 - 답 3
사건의 연속을 나타내는 말은 연대기(chronicle)예요. 시간을 뜻하는 그리스어의 크로노스(chrnos)에서 유래되었어요.

퀴즈 4 - 답 3
폴란드의 천문학자 니콜라스 코페르니쿠스는 망원경이 발명되기 전에 사망했어요. 망원경도 없던 시기에 그의 직관이 세계관에 혁명을 일으켰다는 점이 놀랍죠.

퀴즈 5 - 답 1
VLT는 Very Large Telescope(초거대 망원경)의 약자로 실제로 8미터가 넘는 망원경 네 개와 그보다 작은 망원경들을 모아 하나의 시스템을 이루는 거대한 장비예요. 이 망원경은 해발 2600미터의 세로 파라날 산에 있으며, 이곳이 선정된 이유는 매우 건조해 하늘이 잘 보이기 때문이에요.

퀴즈 6 - 답 2
광합성은 식물이 빛 에너지를 화학 에너지로 바꾸는 과정을 말해요. 빛의 스펙트럼에서 자외선은 보라색을 넘어서고, 적외선은 붉은색 아래로 내려가죠.

퀴즈 7 - 답 3
페르세우스 유성우는 유명한 '별똥별'로 8월 1일~15일경 어두움에 볼 수 있어요. 별이라고 부르기는 하지만 별이 아니라 유성이 남긴 흔적 속을 지구가 지나가는 거예요. 유성이 대기와 접촉하면 점화가 되어 불꽃놀이가 시작되죠.

145

퀴즈 8 - 답 2
태양은 지구에서 약 1억 5천만 킬로미터 떨어져 있고, 빛이 초당 약 30만 킬로미터를 이동한다고 계산하면 500초, 약 8.33333……분이 됩니다.

퀴즈 9 - 답 3
1951년 3월 14일, 알버트 아인슈타인은 72세 생일을 맞이했어요. 기자들이 하루 종일 수천 장의 사진을 찍자 이제 그만해도 되지 않겠냐는 듯 이렇게 혓바닥을 내밀어 버렸어요.

퀴즈 10 - 답 3
지구에서 태양 다음으로 가까이 있는 별이 프록시마 센타우리(Proxima Centauri)예요. 태양에서 약 42광년 거리에 있죠. 이 별에 가려면 지금의 우주선으로 15만 년은 족히 날아가야 해요! 가는 동안 시간을 때울 많은 책을 가져가는 게 좋겠죠.

퀴즈 11 - 답 3
처음으로 빅뱅 우주론을 발표했던 벨기에의 과학자 조르주 르메트르는 이것을 원시 원자라고 정의했어요. 원시 원자라는 하나의 작은 점에서 우주가 출발했다고 했죠.

퀴즈 12 - 답 2
라틴어로 universitas는 같은 주제를 연구하는 사람들의 모임을 의미해요. 현재 같은 주제를 연구하고 가르치고 배우는 대학과 같죠.

퀴즈 13 - 답 1
우리가 볼 수 있는 달의 표면 중 오른쪽 윗부분에는 천문학자들이 허블이라고 부르는, 지름이 80킬로미터가 조금 넘는 분화구가 있어요. 1955년에 발견된 소행성 2069 허블의 이름도 천문학자 에드윈 허블의 이름에서 따왔죠.

퀴즈 14 - 답 2
사실 토마스 에디슨은 전구를 발명한 것이 아니고, 전구에 대한 아이디어를 낸 사람들 중 한 명이었고 전구가 잘 작동되게 발전시켰을 뿐이에요. 백열전구의 특허는 1880년 1월에 받았어요.

퀴즈 15 - 답 1
2006년에 다섯 명의 한국인으로 결성되었던 빅뱅은 세계적으로 많은 사랑을 받았던 힙합 그룹이에요.

퀴즈 16 - 답 3
1889년 6월, 마르게리타 여왕이 나폴리를 방문했어요. 요리사 라파엘레 에스포시토는 여왕을 기리

기 위해 이탈리아 국기의 3색을 표현하려고 토마토와 모차렐라 치즈, 바질잎을 올려 피자를 준비했어요. 그리고 여왕의 이름을 붙여 마르게리타 피자라고 불렀죠!

퀴즈 17 - 답 3
세계의 국기에 별이나 달, 태양이 모두 많이 사용되었지만, 확실히 별이 많기는 하죠. 미국 국기에만 50개가 있으니까요.

퀴즈 18 - 답 2
고정된 자리에 있고 다 같이 이동하던 별들 중에서 일부 별들이 자율적으로 이동한다는 것을 알아낸 것은 바빌로니아의 천문학자들이었어요. 행성인 수성과 금성, 화성, 목성, 토성이었지요.

퀴즈 19 - 답 3
지오토는 1300년대 초에 스크로베니 예배당에 프레스코화를 그렸어요. 1301년에 지나간 핼리 혜성에서 영감을 받아 작품으로 남겼을 거예요.

퀴즈 20 - 답 2
달이 태양과 지구 사이에 놓일 때 지구의 일부는 낮에도 잠시 어두워져요. 달이 태양빛을 가리기 때문이에요.

용어 해설

영어로 **천체 물리학**은 astrophysics로 별이나 행성, 위성, 유성, 혹은 좀 더 광범위하게 우주(지구 밖)에서 관찰되는 모든 자연의 물체를 가리키는 astro와 자연 현상을 연구하고 설명하는 과학인 physics가 결합된 말이에요. 따라서 천체 물리학은 우주와 천체의 구성과 작용, 기원을 연구하는 과학이에요. 물리학과 전문가이 한 분야로 넓게는 천문학 서제를 낮하기도 해요.

에너지는 물체나 사람이 일을 할 수 있는 능력을 말해요. 에너지는 운동 에너지, 열에너지, 전기 에너지 등 다양한 형태로 변할 수 있지만 사라지거나 새로 생겨나지는 않아요. 에너지의 총량은 항상 일정하게 보존된다는 뜻이죠. 예를 들어 손을 비비면 따뜻함이 느껴지는데 손바닥을 비비는 마찰에 의인 운동 에너지가 열에너지로 전환되었기 때문이에요.

공상 과학에 과학이라는 말이 포함되어 있지만 **과학**은 아니에요. 공상 과학 소설은 19세기에 나온 소설의 한 장르로 어느 정도 신빙성 있게 지어낸 기술적, 과학적 요소들이 모험 이야기와 결합된 것이죠. 그러나 일부 작가의 선견지명이 담긴 상상력에서 나온 이야기가 과학자들에게 영감을 주어, 공상 과학적인 소재를 실제로 연구하게 된 경우가 적지 않아요.

광자는 빛을 입자로 보았을 때의 이름이에요. 빛의 입자라고 부르기도 하죠. 당연히 광자는 빛의 속도로 이동해요. 태양의 광자는 지구 에너지의 근원이죠!

은하는 **중력**으로 집합된 수십억, 혹은 수천억 개의 별로 구성되는 천체의 무리예요. 대부분의 **별**이 자신의 **행성**들을 갖고 있을 가능성이 많고요. 은하의 형태에 따라 나선 은하, 타원 은하, 렌즈형 **은하**, 불규칙 은하 등으로 나뉩니다. 우리 은하와 같은 거대한 나선 은하는 중심핵과 그 주위에 십만 광년이나 되는 지름의 원반 모양으로 천체들이 자리 잡고 있죠.

영문 K로 표시하는 **켈빈 온도**는 섭씨(℃)나 화씨(℉)와 같은 온도 측정법이에요. 도달할 수 있는 가장 낮은 온도인 절대 온도는 0켈

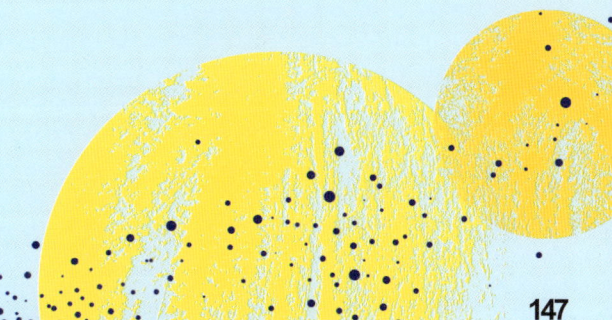

빈으로 -273.15℃ 와 같아요. 8,000켈빈의 뜨거운 별은 섭씨로 계산하면 8,000에서 273.15를 뺀 7726.85℃ 가 되죠.

물질은 물체를 구성하는 바탕이 되는 것이에요. 인간뿐 아니라 모든 물체가 물질로 구성되죠. 물체는 우주에 있는 사물의 모양뿐 아니라 그 사물의 물리적 특성도 결정해요. 우주에 있는 물질의 일부는 직접적으로 보이지 않아 **암흑 물질**이라고 불려요.

성운은 가스나 먼지로 구성된 별과 별 사이의 구름이에요. 일부 성운은 새로운 별이 형성되는 공간이 되고, 또 다른 성운은 별의 죽음이 남긴 결과물이에요. 일부는 별빛에 반사돼 쉽게 볼 수 있지만, 별빛을 흡수해 어둡게 보이는 검은 성운도 있어요. 유명한 성운은 오리온자리에 있어서 같은 이름이 붙은 오리온성운이에요.

입자는 물질을 구성하는 미세한 크기의 물체예요. 더 작은 부분으로 나뉠 수 없는, 물질을 구성하는 가장 작은 단위의 기본적인 물질 요소를 **소립자**라고 해요.

상대성 이론은 알버트 아인슈타인의 이름만큼 유명한 용어로, 아인슈타인이 발전시킨 이론이죠. 상대성 이론의 기본 원리는 물리학 법칙이 관찰하는 사람의 관점에 따라 달라질 수 없다는 거예요. **중력**이라는 말은 유명한 과학자 아이작 뉴턴과 떼어 놓을 수 없는 관계에 놓여 있죠. 뉴턴은 처음으로 만유인력의 법칙을 공식화했어요. 전하는 말에 의하면 나무에서 떨어지는 사과에서 영감을 얻었다고 해요. 현재 중력에 대한 가장 유력한 설명은 아인슈타인의 **일반 상대성 이론**이에요.

공간은 모든 물질이 포함되어 있고 위치와 형태가 있으며, 공간과 공간 간의 간격으로 구분돼요. 물리적 공간은 3차원이며 우주 전체가 공간이지만, 그것보다 작은 환경을 표현할 때도 공간이라는 단어를 사용할 수 있어요. 도시, 축구장, 교실 등이요. 공간이 시간과 관련되어 미터가 아닌 분으로 거리를 나타내는 경우가 많아요. 예를 들어 '여기서 15분 거리에 산다', '뉴욕은 파리에서 6시간 비행하는 거리에 있다' 등과 같이 표현하죠.

이 관계는 **속도**로 형성되는데, 속도는 이동한 공간을 지나간 시간으로 나눈 값이에요. 지구도 당연히 우주 공간 속에 있지만, 그 안에 사는 우리는 통상적으로 우주가 지구의 대기 밖에 있다고 설정했죠.

태양광을 프리즘에 통과시키면 무지개와 같이 여러 색이 펼쳐진 것을 볼 수 있어요. 이것을 **스펙트럼**이라고 해요. 전자기파 중 하나인 가시광선의 스펙트럼은 인간의 눈으로 식별할 수 있는 **색상**으로 구성되고, 백색 가시광선을 유리로 된 프리즘에 통과시키면 빨주노초파남보로 분해된 색들을 볼 수 있어요. 전자기파는 광자를 매개로 전달되며 파장의 길이에 따라 눈에 보이지 않는 적외선, 자외선, X선, 감마선과 같은 것들을 포함해요.

가스는 고체나 액체가 아닌 기체 상태의 물

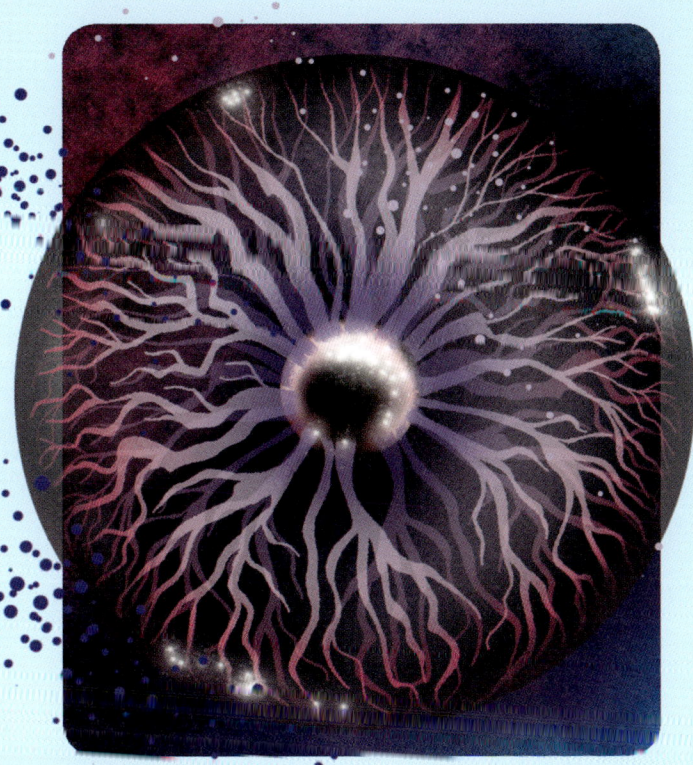

질이므로 부피가 없어요. 모든 물질의 상태는 압력과 온도에 따라 달라지는데요. 예를 들어 지구의 대기압에서는 물이 섭씨 0도 이하로 내려가면 얼음이 되고 섭씨 100도 이상이면 증기, 즉 가스가 되죠. 그러나 헬륨이 액체가 되게 하려면 섭씨 영하 260도까지 온도를 내려야 해요. 고체나 액체, 기체 외에 **플라스마**라는 것도 있는데, 이것은 입자로 구성된 가스가 전하를 갖고 있는 상태예요.

시간은 지정된 순서로 사건이 연속되고 있다는 것을 설명하는 물리적 크기와 그 지속 기간이에요. 시간을 측정하는 방법은 임의로 선택되지만, 자연 주기와 연결되는 경우가 많죠. 하루를 지구가 하루에 한 바퀴 자전하는 24시간으로 하는 것, 1년을 지구가 태양 주위를 완전히 한 바퀴 도는 기간으로 하는 것은 자연의 흐름을 따르고, 1시간을 60분으로 하거나 1분을 60초로 하는 것은 숫자 60을 1이나 2, 3, 4, 5, 6, 10, 12, 15, 20, 30, 60으로 나눌 수 있다는 편이성을 바탕으로 한 선택이죠. 그리고 봄, 여름, 가을, 겨울처럼 날씨로 시간을 구분할 수도 있어요.

이론은 사물의 이치와 지식 따위를 설명하기 위해 논리적으로 일반화한 최적의 설명이에요. 한 개념을 증명하거나 어떤 현상을 설명하는 기설과 정의, 원리를 종합하여 만들어지고, 그 타당성은 반복적인 관찰과 분석, 실험을 통해 증명되죠. 제대로 증명되어 보편적으로 옳다고 판단되는 이론은 공식적인 법칙이 되기도 합니다. 그러나 이러한 법칙도 누군가 더 정확한 설명을 찾으면 바뀔 수 있어요.

단어 찾기

- 갈릴레오 갈릴레이 31, 32, 52, 70, 110, 132
- 공룡의 멸종 22, 25, 139
- 광년 48, 50, 157
- 궤도 94, 104, 116, 124, 133
- 고대 우주론 18, 19, 20, 21
- 니콜라스 코페르니쿠스 26, 33, 527
- 달 12, 15, 31, 32, 33, 50, 59, 124, 128, 132, 135, 140
- 레우키포스 밀레투스 20
- 망원경 28, 30, 32, 59
- 목성 위성 12, 15, 19, 31, 32, 120, 147
- 바빌로니아 146
- 반물질 85, 87, 89
- 베라 루빈 89
- 별 34, 38, 40, 104, 106
- 별의 거리 34
- 별의 색 38
- 별의 온도 40
- 별의 춤 104
- 블랙홀 92, 94, 97, 98, 101, 102, 104, 143
- 빅뱅 22, 24, 64, 66, 76, 78, 80, 82, 85, 134, 143
- 빛의 속도 46, 55, 91, 103, 124
- 상대성 이론 55
- 상상의 행성 112
- 생명체 25, 120
- 세페이드 변광성 42, 44
- 프록시마 센타우리 15, 48, 59
- 슈바르츠실트 반지름 92
- 슈퍼맨 50, 112

- 스톤헨지 132
- 스티븐 호킹 71
- 스파게티화 98
- 시간 60, 62, 82, 109, 114, 124, 130
- 시차 34, 36, 49
- 아이작 뉴턴 26, 70
- 안드로메다 44, 74
- 안드로메다 성운 44
- 알렉산드르 프리드만 66
- 알버트 아인슈타인 27, 52, 148
- 암흑 물질 87, 89, 143
- 암흑 에너지 87
- 에드윈 허블 27, 40, 70, 73, 74
- 연대기 23
- 외계 행성 27, 110, 112, 114
- 외계인 122, 135
- 우주 여행 134
- 우주 기원 68
- 우주 생명체 120
- 우주 시작 64
- 우주 왕복선 77
- 우주 팽창 74, 76, 78
- 우주론 18, 27, 67
- 원시 수프 116
- 웜홀 134
- 유리 가가린 133
- 은하계 12, 15, 43, 44, 98, 124, 132
- 은하수 12, 22, 44, 97, 106, 124
- 이고르 노비코프 101
- 이벤트 호라이즌 97
- 일식 125

- 조르주 르메르트 66, 146
- 조지 가모프 67
- 존 미첼 91
- 중력 55, 77, 92, 94, 98, 102, 114, 147
- 중력파 102
- 중성자 별 91
- 쥘 베른 71, 90
- 지구 12, 132, 139
- 천문 단위 49
- 초거대 망원경 35, 133
- 칼 슈바르츠실트 92
- 클라우디우스 프톨레마이오스 26
- 탈출 속도 90
- 태양 124, 126
- 태양계 15, 19, 25, 49, 77, 110, 19, 120
- 토이 스토리 50
- 특이점 83, 94
- 티코 브라헤 133
- 피섹 49
- 프레드 호일 67
- 프리드리히 빌헬름 베셀 37
- 피사의 사탑 132
- 피타고라스 145
- 한스 리퍼세이 30
- 항공우주연구원 133
- 행성 110, 112
- 허블 망원경 74, 107, 109
- 허블의 법칙 73, 74, 77
- 헨리에타 리비트 42
- 혜성 119
- 호모 사피엔스 25
- 화성인 122
- 화이트홀 101